应急管理译丛

Urban Emerg

Planning and F

城市应急管理

21世纪规划与响应

鲁美丽　**总主编**

[美] 托马斯·亨基 (Thomas Henkey)　**著**

鲁美丽　桂　鹤　苏　爽　**译**

重庆大学出版社

Urban Emergency Management —Planning and Response for the 21st Century
By Thomas Henkey
ISBN:978-0-12-805307-2
Copyright © 2018 Elsevier Inc. All rights reserved.
The translation has been undertaken by Chongqing University Press at its sole responsibility.

版贸核渝字(2021)第 005 号

图书在版编目(CIP)数据

城市应急管理:21 世纪规划与响应/(美)托马斯
·亨基(Thomas Henkey)著;鲁美丽,桂鹤,苏爽译
. -- 重庆:重庆大学出版社,2022.6
(应急管理译丛)
书名原文:Urban Emergency Management—
Planning and Response for the 21st Century
ISBN 978-7-5689-2974-5

Ⅰ. ①城… Ⅱ. ①托… ②鲁… ③桂… ④苏… Ⅲ.
①城市—突发事件—公共管理 Ⅳ. ①D035.34

中国版本图书馆 CIP 数据核字(2021)第 196988 号

城市应急管理——21 世纪规划与响应

鲁美丽 总主编
[美]托马斯·亨基(Thomas Henkey) 著
鲁美丽 桂 鹤 苏 爽 译
李天龙 赖 祥 顾 伟 校译
策划编辑:顾丽萍
责任编辑:鲁 静 版式设计:顾丽萍
责任校对:王 倩 责任印制:张 策
＊
重庆大学出版社出版发行
出版人:饶帮华
社址:重庆市沙坪坝区大学城西路 21 号
邮编:401331
电话:(023)88617190 88617185(中小学)
传真:(023)88617186 88617166
网址:http://www.cqup.com.cn
邮箱:fxk@ cqup.com.cn(营销中心)
全国新华书店经销
重庆长虹印务有限公司印刷
＊
开本:720mm×1020mm 1/16 印张:16.75 字数:240 千
2022 年 6 月第 1 版 2022 年 6 月第 1 次印刷
印数:1—2 000
ISBN 978-7-5689-2974-5 定价:79.00 元

前　言

这本书的开始,就像许多专题研究一样,是出于一个愉快的偶然。在被介绍给爱思唯尔团队时,我正与作家及同行——安全专家菲尔·柏普拉(Phil Pur-pura)讨论一个完全不同的课题。幸运的是,在进行了几次有关应急管理和国土安全的精彩对话之后,编辑萨拉·斯科特(Sara Scott)非常热情地对一些专题研究建议做出了评论。总之,我们想不出一份权威的文本是聚焦于城市环境中的应急管理的。突然间,我有了一个全新的研究主题,起草、编辑,所有这一切用了不到两年的时间。现在回想起来,如果以其他任何方式呈现的话,我就不会拥有这本书。这个过程是非常值得的,也很有教育意义,让我拓宽和加深了之前的知识。但一开始,我觉得自己似乎要面对的是一座险峻无比的大山。

很快,正文就被有机地分成了 3 个不同的、大致相当的部分。第一部分包括第一至四章,是一份战略评估,为本书的其余部分奠定了基础。首先对城市应急管理的概况和历史进行回顾;然后对灾害的 3 种主要类型或成因进行回顾,为其他部分奠定了基础。

第二部分包括第五至八章,介绍了构成应急管理人员工具包的系统和方法,包括重要的规划战略、事故指挥系统(ICS)和跨部门协作。这部分内容深入探讨了该领域的规划、组织和相互联系。

第三部分包括第九至十三章,重点介绍应急管理的各个阶段——预防、准备、减缓、响应和恢复。该部分不仅讨论了每个阶段的特性,而且为管理每个阶段提供了实际、现实的指导。本书以一个前瞻性的章节（第十四章）收尾，内容集中在该领域的未来。

为了给读者提供最多的内容和背景，全书以关键字、图形、表格、照片和几个简短的案例研究为特色。每章都有小结，为进一步研究提供额外的资源。本质上，本书从战略层面开始，并随着全书的展开而变得更具战术性。

归根结底，我在努力寻求学术和实际操作之间的平衡。与大多数新兴领域一样，应急管理和灾害科学这两个至关重要的领域之间缺乏足够的交流。该专题研究最好的结果可能是开始一次对话，增加和加强该领域内学者和实践者之间的联系。

最后，我努力使本书对应急管理从业者和该领域的中、高级学生都有帮助。在正文部分，我尽量使用既自信又健谈的语气：正式，但不太过正式。

该专题研究确实富有挑战性而且耗时，但非常有启发性和收获。我真诚地希望它能激发读者对应急管理、国土安全和灾害科学等新兴领域的兴趣。作为快速发展的职业，每个人都可以从已证实的概念和新思想中受益。如果城市应急管理仅仅通过开始一次对话或合作便能帮助拯救一个人的生命，那么这段时间是非常值得的。

致　谢

　　对于该专题研究,有太多的人值得感谢,但我会尽量简短表述。正如在前言中提到的,我要感谢作家菲尔·柏普拉(Phil Purpura)和爱思唯尔采办编辑萨拉·斯科特(Sara Scott),他们机缘巧合地帮助我提炼出这个想法,并使这个想法得以实现。项目编辑希拉里·卡尔(Hilary Carr)随后帮助我冲过了终点线,给了我惊人的创造力。我永远感谢他们的指导和信任,并期待我们的下一次合作机会。

　　多年来,许多专业组织也在我作为经营者和领导者的发展过程中发挥了巨大的作用。这些机构包括世界上最大的安全组织美国工业安全协会(ASIS)国际理事会以及美国工业安全协会文化财产理事会和当地的芝加哥分会。感谢芝加哥全球事务委员会、芝加哥文化属性安全组、芝加哥酒店娱乐和旅游(HEaT)安全组、芝加哥公私特别小组、伊利诺斯州安全专家协会(ISPA)、国际应急管理协会(IAEM)和国际文化产权保护基金会(IFCPP)的专家和专业人士。我也非常幸运,多年来一直与芝加哥急救组织、建筑业主与管理人员协会(BOMA)、安全和应急准备委员会有联系。所有这些协会都让我有机会接触到该领域最优秀的专业人士的想法——这是一种无价的特权。

　　在此,我要感谢多才多艺的荣誉退休教授梅尔·阿维斯·迈耶(Man Avis Meyer),是他教会了我如何识别高质量的写作,给予我其他许多宝贵的经验。我要感谢作家兼编辑理查德·伯恩(Richard Byrne)以及《河滨时报》给了我一次机会，并为我提供了多年前作为音乐评论家的第一份有偿书面作品。感谢作家、老师兼朋友莉萨·海明格（Lisa Hemminger）分享了她对文字和语言的热情。

同样幸运的是，在过去的几年里，我遇到了许多拥有令人难以置信的技能、天赋和耐心的老板，他们愿意与我分享经验。感谢首相安保部门（Premier Security）的吉姆·塔夫（Jim Taff），以及联合巴顿安保部门（Allied Barton Security）的马克·休伯特（Mark Hubatch）和彼得·莫罗（Peter Moreau）在过去的 10 年里给我提供的帮助。同时也非常感谢芝加哥应急管理和通信办公室（OEMC）的比尔·沙茨（Bill Schatz）、厄尔·祖埃尔克（Earl Zuelke）、乔迪·查廷（Jody Chattin）、里奇·吉迪斯（Rich Guidice）、鲍勃·特洛伊（Bob Troy）、雷·奥罗斯科（Ray Orozo）、乔斯·圣地亚哥（Jose Santiago）、丹·埃利斯（Dan Ellis）和加里·申克尔（Gary Schenkel）。在芝加哥艺术学院，我师从米歇尔·莱尔曼（Michelle Lehrman）、拉斯·科利特（Russ Collett）和大卫·瑟姆（David Thurm）。我必须再次感谢泰坦安全集团的戴夫·帕克（Dave Pack）和马克·休伯特（Mark Hubatch）在我接受新的职业挑战时对我的信任。

在安全和应急管理领域的各位管理人员和协调员，我想让你们知道，过去和现在的每一天，我都在向你们学习，甚至是在我似乎忙着从一个项目跳到另一个项目，而没有真正欣赏同事们的辛勤工作的时候。芝加哥的应急管理办公室（OEM）团队以及该城市的非营利组织和私营部门的安全专家，是我遇到的最令人惊叹、技艺最娴熟的专家。和他们共事一直是我的荣幸。

我亲近的家人也一直是我灵感的巨大源泉。我父亲是一名才华横溢的作家和编辑，而我母亲——就像她大多数的家人一样——是一名有技能和能力的教育家。近朱者赤，他们充满好奇的头脑和如饥似渴的阅读习惯无疑对我的成长有帮助。

最后，如果没有一个非常特殊的人和一个非常特殊的群体，也就没有这本书的存在，此书是献给他们的。这个特殊的人就是我的妻子梅根（Megan），她强烈好奇和不懈追求形式化与非形式化的知识——包括她的教育博士学位——确实给了我很大的启发。毫不掩饰,这本书只不过是我尝试跟上她的成就。

　　此书献给所有急救人员,他们在每一次换班、每一次部署中都冒着生命危险。无论您穿什么制服,无论您保护的是哪个管辖区、哪些人群或组织,感谢您所做的一切。愿您永远能平安地回到宿舍,平安地回到您的朋友和家人身边。

目　录

第一章

城市应急管理概论

1

第一节　引　言

1989 年 10 月 17 日晚,美国旧金山湾区天气晴朗,气候宜人。当旧金山巨人队和奥克兰运动家队这两支美国职业棒球大联盟球队准备在世界大赛第三场比赛中对阵时,空气中弥漫着一种强烈的兴奋感。当地时间下午 5 点刚过,烛台公园仍聚满了球迷,在不远之处,被称为洛马普列塔的圣克鲁斯山山峰之下两大构造板块正在移动。

里氏 6.9 级重大地震发生了,地震对当地基础设施产生了重大破坏,导致63 人死亡。由于媒体对世界系列赛的密集报道,这次地震成为第一个在美国网络电视上直播的地震。同时,它也成为应急管理这一新兴专业领域的首批大规模考验之一。

洛马普列塔地震远非现代最具破坏性的事件,它既没有造成 20 世纪后半叶此类事件中最严重的伤亡,也没有造成最大的经济损失。然而,在很人程度上,由于它发生的位置、时间和世界媒体的存在,它成为城市危机管理发展的一个极好的参考点。

地震的响应和恢复阶段在国家和国际的关注之下进行。除了人员死亡之外,基础设施也遭到了破坏,包括公共设施、住房和交通资产。艰难的城市搜救行动在多个地点展开,恢复过程既漫长又昂贵。对基础设施的破坏有助于推动和加快与地震标准有关的立法和改造工作。

这一自然灾害也有助于提出几个有关城市应急管理的关键问题。什么是应急管理? 与农村或荒野地区相比,城市的危机管理有何不同? 城市应急管理的阶段有哪些? 应急管理能为公共安全的总体目标提供什么样的特质?

第二节　背　景

一、局势总览

只要有人类社会存在,就会有突发事件。只要出现突发事件,就会有人设法处理。人类社会在本质上是建立在这样一个前提之上的:面对逆境,我们作为一个群体比作为个人更强大。早期社会和我们今天的社会一样,面临着许多自然灾害。古代历史和宗教文献提到了瘟疫、洪水和地震。警备城市的出现主要是为了抵御突发事件对人类的威胁,这些城市都是经过精心选择的,以抵御洪水和抢劫等风险。

随着国家和民族的发展,以及新技术和新材料的出现,日益密集和复杂的基础设施得以建立。工业革命增加了一系列新的技术风险,城市必须对此做出反应并适应。确切地说,紧急事件和危机管理者从一开始就与文明并肩前进。

在 20 世纪 50—60 年代的民事防护工作中,现代应急管理开始真正在美国出现。世界超级大国之间灾难性核战争的威胁需要一个广泛的组织来确保有效响应和政府的连续性。军队继续在应急管理的形式和功能上做出重要贡献，特别是其等级体系的特殊化和已建立的指挥系统为人为灾害提供了模型。自然灾害如洪水和野火，很快推动了更加有效的危机管理程序在多个大陆发展（这期间的广泛讨论见第二章"应急管理的发展和历史"）。

应急管理人员从相关领域吸取了宝贵的经验教训。野外灭火可以定义为发生在重要人类居住地以外的火灾事件，以植被为主要燃料来源。为抗击这类火灾而发展起来的方法也值得广泛赞扬，因为其制定的制度和机制构成了现代应急管理的核心。美国西部的地方性森林火灾是地理上复杂的大规模事件，需要广泛规划和协调。美国国家事故管理系统（NIMS）以及世界各地其他事故指挥系统的发展，在很大程度上要归功于这些消防队员的艰苦奋斗（这类系统将在第六章"事故指挥系统和国家事故管理系统"中讨论）。野火是历史上的乡村事件，但它们仍然为大多数城市环境中紧急事件的管理提供了信息。

因此，应急管理的发展可以看作一个长期而持续的过程，包括采用和改良来自多个领域的最佳做法。

二、城市角度

在城市环境中转化洛马普列塔地震等的教训仍然是一项正在进行的工作。在本讨论中，城市一词指的是人口密度相对较高、基础设施比较完善的地理区域。正是这种密度和复杂性给应急管理人员带来了重大挑战。任何大规模或大范围的破坏都可能影响多个资产和系统。

这些区域可能不仅包括传统的城市边界，还包括邻近的郊区——包括现在环绕着多个大陆城市中心的贫民窟或贫民区。换句话说，随着城市变得越来越密集，其临近地带也会变得越来越密集。

根据这一定义，世界上一半以上的人口已经居住在城市地区。世界卫生组织（WHO）是跟踪世界迅速城市化的组织之一。到2014年，根据世界卫生组织的计算，全球54%的人口居住在城市，预计到2025年，城市人口将以每年近2%

的速度增长。大量人群的存在以及支撑他们生活所必需的系统,给应急管理人员带来了独特的机遇和挑战。

随着城市发展深入大陆以前的多个农村或荒野地带,定义城市、郊区和农村的界线继续模糊。不断变化的气候只会加剧这种变化,带来跨边界的风险,而这些边界以前是明确划定的。

综上所述,城市应急管理区别于更广义领域的关键特征是:

- 更高的人口密度;
- 更多元化的人口;
- 更密集和更复杂的基础设施;
- 每平方英里(1 平方英里 ≈2.59 平方千米)更高的房产价值;
- 级联影响的可能性更高;
- 更多的响应机构和组织;
- 更集中的媒体和更短的媒体响应时间。

最终,城市应急管理人员要处理更多潜在的级联影响,而且在这些影响削弱重要基础设施或威胁到平民生命之前,可供他们处理的时间更短了。公共领域的大规模突发事件将很快引起影响舆论的利益相关者的注意,包括政治家和媒体。在后面的文本中,我们将广泛关注这些因素。

三、危害、威胁、风险和隐患

在应急管理中,最重要的区别之一是危害、威胁、风险和隐患。这些因素可能会重叠,并造成一些混淆,但它们仍为进一步的讨论提供了重要的基础。

危害可以定义为潜在伤害或损伤的来源或原因。威胁是潜在伤害或损伤的确定来源,通常暗指人为的或故意的。风险是伤害或损伤发生的可能性。隐患是一种疏忽或弱点,它可以是危害或威胁造成实际伤害或损伤的方法或途径。

这些概念当然是相互关联的,一个例子可以帮助区分它们之间的细微差别。如果风暴威胁到一个沿海城镇,风和水都是明显的危害;现有船闸和堤防的失效可能是另一个威胁;隐患可能包括基础设施容易受到破坏,或者缺少冗余系统;风险是指在考虑所有因素的情况下,发生实际伤害、损伤或死亡的可能性。

这些因素都不是孤立存在的,也不是相互独立的。在传统的科学的意义上,危害、威胁和隐患的概念都是潜在的能量——等待发生的可能性。风险是动能,假定某一特定行动或一系列事件正在进行中。

虽然表述有所不同,但风险通常表示资产价值与其威胁和隐患的总和。换句话说,没有威胁或隐患,就不可能有风险。第五章"城市地区的风险评估"提供了关于这一过程的大量信息。

四、自然灾害、人为灾害和混合灾害

应急管理中最重要的区分要素之一是核心因果关系问题。作为人类,我们喜欢把东西放进漂亮、整洁的桶或类别中。

通常用来讨论和区分灾害的两种主要类别是自然的和人为的(有时也称为人造的)。任何这样宽泛的分类都应该被视为有用但有限的概括。

自然灾害是一种危机,主要是由存在于自然环境中的灾害或自然环境导致的结果引起的。更具体的自然灾害类型包括洪水、地震、野火、龙卷风、飓风和海啸。2004年12月26日袭击印度洋的地震及其引发的海啸就是一个强有力的例子。

人为灾害或人造灾害变得越来越普遍。顾名思义,这类危机主要是人为干预或失误的结果。其类型包括技术故障和基础设施故障、恐怖主义行为和建筑火灾。2001年9月11日发生在美国的恐怖分子空袭就是人为灾害的一个例子。

近几十年来,许多灾害都无法被简单地归类为纯粹的自然灾害或人为灾害。混合灾害是指同时包含自然因素和人为因素的关键因素,导致风险或隐患增加的灾害。其类型包括气候变化对全球气候模式的影响,从自然或人为领域开始并蔓延到其他领域的级联事件。2011 年 3 月发生在日本福岛的地震、海啸和核灾难提供了一个现代混合灾害的例子。

城市环境中的应急管理人员必须对不断扩大的威胁和灾害类型做好准备。第三章"自然灾害和城市环境"和第四章"人为灾害和混合灾害"对这三种成因类型做了进一步讨论和分析。

第三节　应急管理的阶段

分阶段法是有效管理危机的关键之一。虽然某一场灾难的发生可能是突然的,但重要的是要认识到,对紧急情况做出明显响应只是不断持续的进程中的一个步骤。在灾难发生之前、之中和之后,生命安全工作都将继续进行。

应急管理周期现在包括 5 个阶段或功能:预防、准备、减缓、响应和恢复,如图 1.1 所示。

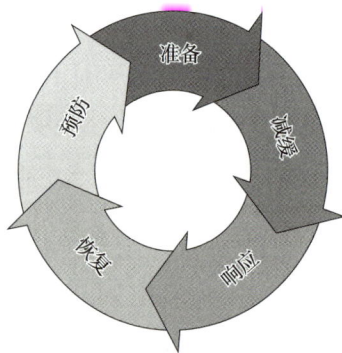

图 1.1　现代应急管理的阶段组成

这个周期的一个关键因素是它必须被视为一个连续体,没有确定的起点或终点。弄明白各阶段可能重叠或同时发生也很关键。例如,在灾难发生之前,准备工作和预防工作可能同时进行;灾难发生后,响应工作和恢复工作可能会立即展开。

在后面的章节,对每个阶段都会进行详细的分析,但是简单的概括性介绍也是非常重要的。

一、预防

应急管理中最新被认可的阶段是预防。其他各个阶段假定灾难即将发生或已经发生,预防的概念承认有一些危机是可以完全避免的。美国联邦应急管理局(FEMA)将预防作为五大核心任务领域之一,将其定义为避免、预防或阻止灾难发生所必需的能力。这种能力主要集中于努力避免技术灾害或人为灾害,这在城市地区特别常见。

二、准备

应急管理准备阶段——与美国联邦应急管理局确定的恢复和保护任务区相一致——主要发生在灾难开始之前,包括对个人和组织的培训和规划。因此,它需要外部团体的广泛参与,而不仅仅是应急管理人员本身的参与。这种能力适用于自然灾害、人为灾害和混合灾害,并能对特定危害的影响或严重程度产生重大影响。

三、减缓

减缓阶段有些独特,它有可能同时发生在应急管理的其他所有阶段。减缓措施旨在通过减少事故或危害的总体影响来减少生命和财产损失。有效的减缓工作需要有效的危害分析和风险评估。这种能力在自然灾害、人为灾害和混合灾害方面具有高度相关性。

四、响应

作为应急管理中最明显的阶段,响应是指在灾难发生后立即采取行动,以拯救生命、保护财产和环境,并满足人类的基本需求。传统的执法、灭火、紧急医疗和搜救功能都属于这一阶段。在自然灾害、人为灾害和混合灾害中,响应是一种普遍的反应能力。

五、恢复

灾后恢复阶段旨在帮助受灾社区有效地恢复到正常的功能水平。它往往是应急管理中时间最长、成本最高的阶段,受到公众和政界的密切关注。在高隐患环境中,多项恢复工作可能同时展开。恢复阶段发生在自然灾害、人为灾害和混合灾害之后。

第四节　应急管理的核心概念

一、基础知识

通过定义关键术语和阶段,我们可以更好地理解应急管理的总体功能。正如包括西尔维斯(Sylves)在内的学者之前所指出的那样(Sylves,2008:5),管理突发事件或灾害乍一看似乎是一种矛盾的做法。你如何控制一次危机或灾难的发展呢?

简单的回答是,我们当然不知道如何做。在专业领域将其称为"管理"而不是"命令"或"控制"是有原因的。不过,在灾难发生之前我们可以做很多事情,包括与预防、准备和减缓相关的工作。

应急管理的真正核心是缩减混乱。在一场实际灾害发生的过程中,将会有一段混乱和令人困惑的时期,在此期间威胁得不到遏制。在这段时间内,伤亡人数和基础设施的破坏将超过应急管理人员的数量和能力。错误的信息和谣言会纷至沓来。关键的政府和政治领导人将被排除在外,或者更糟的是,根据错误的信息和仓促的判断做出糟糕的决定。

应急管理人员的根本职能是缩减和限制时间。我们不能控制灾害的方方面面,但可以把混乱压缩到尽可能短的时间内。

应急管理的关键要素之一是,危机或突发事件是在尽可能低的权限级别进行处理的。在西方国家,这意味着责任由个人、保险公司、私营组织和各级政府共同承担。

德拉贝克(Drabek)指出,对任何重大事件的第一反应都将是局部的(Drabek,2007:11)。有效的应急管理方案强调这种情况下的水平或横向联络,而知道如何迅速有效地跨组织、地区、国家、部落或联邦请求资源,绝对是任何应急管理网状系统成功的关键。

应急管理需要的专业知识的深度和广度很可能是其他业务领域所无法比拟的。应急管理人员表现出的潜在专业技能包括:

- 管理;
- 土木工程;
- 通信;
- 紧急医疗服务;
- 财务;
- 灭火;
- 有害物质/化学制品;
- 国土安全;
- 水文地理学;
- 信息技术;
- 土地用途规划及分区;
- 执法;
- 后勤/交通;

- 气象学；

- 殡葬服务；

- 心理学；

- 公共关系；

- 公共工程；

- 搜救和救援；

- 社会学；

- 志愿者管理。

不能指望一个人掌握这些专业领域内的每一项专业知识和技能，但是可能需要一个人来有效地协调和指导搜集到的所有知识。这就是应急管理人员的作用。

这个职位通常设置在政府机构内——无论是地方的、区域的、州的、部落的还是联邦的。现在许多公司和非营利组织都设有官员级别的职位，他们在自己的组织中承担类似的职责。例如，风险管理和业务连续性的公司职务与应急管理密切相关。灾害科学和降低灾害风险的学术领域也与应急管理有着广泛的联系。

在运作环境方面，最理想和最优先考虑的是在最低级的指挥层面以最短的时间控制一场危机。为了直观地理解这一概念，我们可以反思一个假设的例子：一辆油罐卡车的装载物洒落在公共高速公路上。

最简单的应急方法是，一个训练有素的司机或其他员工使用他或她自己的设备和资源来控制漏油。只需用手推车将几个小集装箱装回卡车上即可。少量无毒物质可就地用吸附剂清除。

但是，如果装载物的数量很大，或者这种物质是有剧毒的或易燃的，情况就会发生很大的变化。可能会召集第三方危险品小组，并要求当地消防部门提供协助。如果物品引燃或泄漏到附近的河流，就需要运用进一步的专业知识和资源。高速公路可能需要关闭。附近的被引燃的植被可能成为一个风险，可能需要进行大范围的环境清理,或者附近的居民可能需要暂时被疏散到一个安全距离。这场危机对交通和自然资源的影响可能确实是区域性的。

这个简单的例子显示了应急管理人员在规划和响应危机时所面对的变动范围。纵向分裂(vertical fragmentation)的概念也开始出现了,因为在跨多个监督级别的紧急情况中,不同级别政府之间协调无效或失败的可能性确实存在。如果某个特定的危机跨越了多个管辖区——这在城市环境中非常常见——还必须考虑横向分裂(horizontal fragmentation)的风险。(可悲的是,电视上关于两个警察争论谁有职权和司法权管辖某件案子的比喻并不完全是杜撰的。)在大规模灾难中,缺乏有效协调的政府响应可能在横向和纵向上都是分裂的。

在为此类灾害组建应急规划时,应急管理人员还必须了解多个利益相关者。利益相关者是在特定的项目、计划或政策中拥有利益的个人或团体(Drabek,2007:13)。这些利益可能具有广泛的政治或经济影响,应急管理人员必须认识到这一点。应急管理人员最重要的任务和技能之一是能够在压力很大的情况下在多方之间沟通复杂的思想。

沿着类似的思路,西尔维斯(Sylves)列出了决策者在灾难发生前必须考虑和完成的核心规划假设(Sylves,2008:21):

- 灾害规划是一个连续的过程,应该基于趋势而不是某个单一的突发事件。规划必须考虑到新发现的不断并入。
- 灾害规划应该通过预测问题和拟订潜在解决方案来尝试减少危机中的不确定性。
- 灾害规划明确要求恰当响应比快速响应更为重要。
- 灾害规划基于可能性。应急程序中需提出人们在紧急情况下实际会做些什么,而不是关于人类行为的神话或秘方。
- 灾害规划包括响应教育和恢复教育。人们需要知道应急程序的存在,了解和遵守这些程序是很重要的。
- 灾害管理需要有效地向社区"推销自己",让公众认真对待。

- 灾害管理需要练习和实践,否则再好的规划都会变得毫无价值。

再次强调,规划和准备对有效的应急管理来说绝对非常关键。任何一位经验丰富的应急管理人员都将证实,这段时间最终是值得花费的,而且直接关系到初始响应和恢复工作的有效性。

二、全社区规划

应急规划中最重要的一个新兴概念是全社区规划。简单地说,全社区是一种途径,通过它,平民、响应人员、官员、组织领导和社区领导可以集体扩大他们共同的资产、能力和利益(FEMA,2011:3)。归根结底,这个概念是指跨部门对涉及不同能力的个体的紧急情况做出规划。在 21 世纪的第一个 10 年,美国联邦应急管理局的研究、讨论和外展服务产生了 6 个全社区战略主题:

- 了解社区的复杂性;
- 认识社区的能力和需求;
- 加强与社区领导的关系;
- 建立和保持伙伴关系;
- 增加地方行动自主权;
- 利用和加强社会基础设施、网络和资产建设。

归根结底,一个既定的管辖区或组织的强大程度取决于它最薄弱的环节。一些居民、雇员和访客在紧急情况下需要额外的帮助。美国联邦应急管理局及其合作伙伴没有另起炉灶,而是充分利用日常生活中在社区行之有效的方法(有关全社区概念的更多信息,请参见第十章"准备阶段")。

三、事故指挥系统

处理范围广、规模大的突发事件并应对各种各样潜在的利益相关者,需要一个有效的事故指挥系统。事故指挥系统是由应急管理人员支配的最全面、最有效的工具之一。

长期以来,响应人员公认,灾害是指一系列混乱并令人困惑的相关事件。因此,指挥系统通常也是复杂而不明确的。为了澄清和改善这一局面,人们再次使用军队和野地救火所使用的指挥模式作为新结构的基础。事故指挥系统在实质上是一种层级式的、灵活的、模块化的指挥控制方法。或者正如埃里克森(Erickson)非常巧妙地指出的那样,"事故指挥系统因此提供了一个灵活的管理框架,而不是一个明确的运算法则"(Erickson,2006:50)。

事故指挥系统将关键职能的权限划分给了负责任的主题专家。在美国,这种结构被称为国家事故管理系统(NIMS)。其指挥结构的主要类别是行动、财务和行政、规划,以及后勤。为了达到最佳效率,每个单位都保持严格的控制范围,并最终向总事故指挥官报告。在最佳状况下,该系统还可以厘清政治和业务责任。(关于国家事故管理系统和事故指挥系统,在第六章"事故指挥系统和国家事故管理系统"中有更深入的讨论。)

四、应急管理专业

本书的读者显然是对应急管理有着既定兴趣的学生、从业人员,或者两者兼而有之。应急管理的一般定义是什么? 什么是专业的应急管理人员呢?

西尔维斯(Sylves)提供了一个很好的定义。应急管理是关于科学、技术、规划和管理的学科和专业,用于处理可能导致大量人员受伤或死亡、造成大量财产损失并扰乱社区生活的极端事件(Sylves,2007:5)。

因此,应急管理人员是负责实施和监督此类计划的个人。传统上,这一直是公共部门和政府的一项职能。在农村地区,通常是消防队长、治安人员甚至当地法官等相关职业的人来兼职。在城市环境中,应急管理人员更有可能是公司、非营利组织或政府部门的全职专业人员。

事实上,越来越多的公司和更大的非营利组织已经开始在其组织结构中使用应急管理人员。正如埃里克森(Erickson)指出的,适当的应急规划从有一定天赋的所有者、管理人员和操作人员开始(Erickson,2006:67)。营利性公司和非营利组织已经认识到,应急管理人员的概念并不是外来的,并且可能的确对它们的运营直接有利。此类决定有时是应相关实体(包括董事会或保险公司)的要求做出的。在非政府环境中,该职能可能包括以阶段为中心的职责,如风险管理(准备和减缓)或快速恢复的能力以及业务的连续性(恢复)。

与应急管理专业同时出现的是被称为灾害科学的学术领域。这一领域包括工程学、气候学、组织管理、社会学、经济学和传播学。减少灾害风险这一相关领域同样具有技术和数据分析等功能。正如处理一个复杂的事故需要大量富有深度和广度的专业知识一样,这些知识也必须被系统地分析和拓展。这个过程可能像在一个特别具有挑战性的响应之后生成一个事后报告一样简单,也可能像一个多年的、多学科的科学研究一样复杂。

此外,随着专业组织和学位认证计划的迅速发展,这类知识正变得更加正式,特别是在美国和欧洲国家。国际应急管理人员协会(IAEM)的成员已有数十人。现在在国际上,许多高校,无论是传统的还是线上的,都提供灾难科学或应急管理的本科和研究生学位。

在操作实践中,这些计划不再是临时组建的或"动态的"。纽约、芝加哥、休斯敦和洛杉矶等美国大都市都设有专门的应急管理部门(图 1.2)。这些单位通常被称为应急管理办公室,拥有很大的自主权,通常直接向市长或某一管辖区的最高当选官员报告。(尽管这些机构并非完全不受政治影响;在纽约,应急管理办公室在直接向市长汇报和向警察局局长汇报之间摇摆不定。)在整个发达国家,这些机构还常常负责应答和迅速处理 000、112、911 或 999 紧急呼叫——取决于个人所在的国家——以及应急规划、反恐分析和联邦或地区拨款支付。

图 1.2　在美国 2010 年的一次会议期间,警察和应急管理
指挥车辆处在芝加哥天际线最显眼的位置

考虑到包括恐怖主义和气候变化在内的全球威胁的持续存在(有些人可能会认为这种威胁在不断增加),这一趋势在短期内不太可能逆转。虽然应急管理部门和其他部门一样面临着企业和政府预算的挑战,但他们也在各种威胁和灾害中证明了自己的价值。

不可否认,对一名应急管理人员来说,无论是在从业领域还是专业学术领域,也无论是在公共部门、私营部门还是非营利部门,这都是一个充满活力且积极的时代。该领域在继续迅速发展,而进一步发展的时机也已经成熟。(参见第二章"应急管理的发展和历史"和第四章"人为灾害和混合灾害",以获取更多信息。)

从本质上讲,在不同的组织和不同的管辖区内,应急管理人员的含义可能有略微不同。一些应急管理人员可能要大量处理多种风险和危害,另一些则只处理应急管理周期的一个阶段。不过,随着职业的发展,其核心资质始终是专业技术知识以及在极端压力事故发生前、发生中及发生后对其进行有效处理的能力。

五、各种灾害的处理

在最初的概论中提到,应急管理的最后一个核心概念是全灾种应对。利益相关者期望应急管理人员能够处理任何危机。之前提到的三起实际发生的、规模较大的灾难——印度尼西亚海啸、美国"9·11"恐怖袭击和日本福岛核泄漏——它们之间几乎没有共同点。许多人失去了生命,许多人的生命危在旦夕,这在很大程度上取决于急救人员、应急管理人员和公共安全官员的行动。

这些复杂灾难的共同之处在于,受害者和整个社区都期待着援助的到来。无论最初的威胁或危害是什么,都有专家和专业人士准备并愿意付出一切可以付出的努力来压缩混乱。

这一关键时刻,是这一专业领域与军队或消防部队有根本性不同的地方。虽然军队和消防部队往往是高度专业化的——比如战斗工程师或推土机操作员,但在某种程度上,应急管理人员必须是能干的多面手。

经验丰富的应急管理人员通常来自相关领域,包括执法、安全、消防或公共卫生领域。在期望他们保留这些专业知识并将其应用于他们的新角色时,还要求他们扩大业务范围并了解他们自己的行动或管辖区内存在的危害、威胁和风险。

专业的应急管理人员的最终期望是,他或她拥有关于特定危害的基本知识,并且能够团结真正的主题专家一起努力。从根本上说,一名熟练的应急管理人员就是一位训练有素的救援人员,他带着一份设计良好、准备部署的业务规划冲向比喻意义上的烟雾和枪声。这样的效果的实现需要在危机发生之前做大量规划和协调工作,同时也是贯穿本书的行动方案的根本基础。

第五节　小　结

应急管理是一个已经建立并迅速发展的领域。该专业从以往的军事、民防和野外消防工作中汲取重要教训,力争处理伴随重大事故而来的混乱和困惑。为各种自然和人为原因造成的危害和威胁制订计划是至关重要的。危害、威胁、隐患和风险都是必须考虑的关键因素。

居住在城市中心的世界人口比例不断上升,加剧了灾害的影响。各利益相关方都期望专业的应急管理人员为可能影响其组织或管辖区的任何危机做好准备。这一目标是通过包括预防、准备、减缓、响应和恢复阶段在内的连续循环来实现的。

延伸阅读:

World Health Organization.（2009）.

第二章

应急管理的发展和历史

2

第一节 引 言

疾病、战争、饥荒、恐怖主义、火山、洪水……这样的例子不胜枚举。

千百年来,人类目睹着这一切。在许多方面,我们人类这个物种居然能幸存下来,真是令人惊讶。在某种程度上,我们的集体存在要归功于一群人,他们经历了每一次浩劫,他们设法引导自己和群体战胜一个又一个挑战。

他们有很多头衔:首领和将军、首相和指挥官、总统和主任。但他们都有一个共同点,那就是积极应对紧急情况。这一引以为豪的传统在今天仍以专业的应急管理人员的形式继续着,他们力争在困难时期安全地指导他们的组织和管辖区渡过难关。

本章将设法剖析当前的政治和业务动向及趋势,包括多次成功和失败的经历,以便更好地了解应急管理的现状。

第二节　分　析

一、不平静的开始

应急管理从本质上说是处理风险。从一开始,应急管理就一直在预测、模拟、减缓和处理风险,如果可能的话。早期的例子包括相邻的农场、城镇和村庄之间的正式和非正式的互助协议。

随着社会在工业时代的进步,所有的响应都停留在当地。例如,工厂联合起来培训消防员,城镇为海上救援人员提供资金。1803 年,美国国家政府协助重建和恢复了新汉普郡一个被大火摧毁的小镇,美国由此产生了第一份真正的、有条理的联邦应急管理计划(Haddow, Bullock & Coppola, 2008:2)。然而,这一时期的类似行动似乎是基于特定的政治呼吁,而不是任何更广泛的政策倡议。

在过去的两个世纪里,支持应急管理的组织有了很大发展。美国早期的政府应急响应在很大程度上是即兴和非正式的,由城镇消防部门或警察处理他们能处理的一切,只有在必要的时候他们才会请求邻近社区帮助。然而,一些更大的事件——有些可能被称为灾害——开始使这些组织结构断断续续地发展起来。这些响应模式"在很大程度上是在特定基础之上"发展起来的,即使在联邦一级(Hogue & Bea, 2006:4—5)。

1906 年旧金山地震提供了这一时期的生动例子。当时,这座年轻城市的部分地区还在烈火中燃烧,美国当地、州和联邦的政客们却在幕后就权力和资金问题争吵不休,没能达成确定的、系统性的解决方案。

二、20 世纪出现的制度

仅仅几十年后,在大萧条时期,美国公共工程组织如田纳西河谷管理局开始控制洪水泛滥,但这主要还是作为水力发电和创造就业机会的次级效应。1934 年的《防洪法》确实赋予了美国陆军工兵部队很大的抗洪权力,这一职责一直延续到今天。

第二次世界大战的广泛性导致技术和基础设施以及军事指挥和控制结构方面发生了同样巨大的变化。许多归国士兵带着一种军事思维和组织等级制度,在他们的祖国开始从事救火和执法等职业。

1950 年美国颁布的《联邦救灾法案》是一个重要的飞跃。美国政府随后建立了一种机制,向各州和地方政府提供设备和物资等联邦资源,并向它们提供资金,以应对危机。重要的是,这是第一个不局限于单一类型的威胁或灾害的全国性立法。不久之后,1953 年美国联邦民防管理局(FCDA)成立,以协调多个机构应对大规模自然灾害。20 世纪 50—60 年代,在美国至少有四个联邦机构负有紧急责任,其中包括应急规划办公室(Office of Emergency Planning)。这些都是美国联邦应急管理局的前身,美国联邦应急管理局后来将多部门响应标准化。然而,由于有许多冲突的、重叠的部门和机构,美国要实现全国模式并非易事。

20 世纪 60 年代,北美发生了多起灾难。1962 年,一场猛烈的沿海风暴摧毁了数百英里(1 英里≈1.61 千米)长的大西洋海岸线。1964 年,里氏 9.2 级大地震袭击了阿拉斯加,它至今仍是阿拉斯加遭受的最大地震之一,并引发了同样严重的海啸。还有几场大型热带风暴,包括 1965 年的贝齐飓风,袭击了美国南部。

由于水害和洪水这一反复出现的主题将这些事件联系在一起,美国联邦政府最终开始制定明确的国家政策,最先是 1968 年的《国家洪水保险法》。由此产生的"全国洪水保险计划"至今仍是美国联邦应急管理局的基础工作之一。

紧随其后的是 1974 年的《灾害救济法》，但它也是以一种零碎的方式处理授权问题，让多个美国联邦机构负责定义模糊的灾害规划、响应和恢复工作。尽管如此，它还是开创了立法先例，建立了紧急申报程序，为恢复工作提供了资金，并强调多种灾害应该由美国联邦机构来处理。

三、民防的加入

同一时期，冷战愈演愈烈，核武器成为真正的威胁，这些使人们真正关心起民防。四个主要焦点出现了：政府的连续性；关键资源和能力是否充足；为军事响应进行工业动员；面对袭击时地区的紧急保护和响应措施（Hogue & Bea，2006：6）。在未来的几年甚至几十年里，这种应对自然灾害和人为灾害的准备工作的结合将变得越来越重要。

这一时期在美国，人们认为为政治实体和联邦机构大量修建辐射庇护所对维持政府的连续性至关重要。看上去，这些庇护所在极端天气下也可以被利用是纯粹次要的。民防不是当前美国进行全国性讨论的直接部分，但在那个时代指代的是国土安全。正如西尔维斯（Sylves）所指出的，"尽量减少核战争的影响"成为美国灾害管理的主要焦点（Sylves，2008：48）。1950 年，美国通过了两项重要的立法，即《民防法案》和前面提到的《联邦救灾法案》。

这些法案的确发挥了重要作用，使得美国联邦政府能在没有国会直接和具体授权的情况下便可发放联邦补助。随着冷战继续推动美国政府的国家优先事项，民间准备和灾难管理之间的这种关系在整个 20 世纪 50—60 年代仍在持续。例如，1956 年美国国会通过了《联邦洪水保险法》，但由于没有资金支持，该法案悄无声息地胎死腹中。

这种所谓的"军民两用的方法"最终形成了 1966 年的《灾害救济法》，该法直接将民防的制度和机制与自然灾害的威胁联系起来。这一时期也见证了《危机搬迁计划》的演变，它是人规模平民疏散计划的先驱，时至今日仍然有效。

回顾历史，联邦应急管理局在美国国家响应结构中的出现似乎是一个水到渠成的过程。毕竟,在灾难发生的情况下,有一个统一的、集中的指挥和信息共享点似乎是一个非常理想的目标。

但是,在美国联邦政府内部实现更集中、更独立的应急管理职能的道路并不平坦,也不迅速。事实上,直到 20 世纪 70 年代中期,在国家一级,5 个或更多的军事部门和非军事部门的职能是否可以合并还存在着很大的争论。

四、美国的根本转变

20 世纪 70 年代,在美国该领域出现了两个关键的发展。1974 年的《灾害救济法》帮助缩小了灾后公共援助和个人援助之间的差距。它还将紧急声明程序编入法典,这使得总统有能力在事件尚未达到更高的"灾害"标准时提供联邦援助。

正如霍格(Hogue)和比娅(Bea)指出的,"6 月 19 日,总统吉米·卡特(Jimmy Carter)提交给国会的 1978 年的《3 号重组计划》中提出,将国防部、商务部、住房和城市发展部以及总务管理局中的 5 个机构合并为一个新的独立机构,即联邦应急管理局"(Hogue & Bea,2006:13)。

因此,直到 1978 年中期,美国联邦应急管理局才真正成型。不出所料,在建立这样一个组织的过程中出现了越来越多的困难,而且人们不停地在进行评估和评价。

值得注意的是,美国联邦应急管理局有着广泛的责任和权力,它的成立在很大程度上是由于时机和一系列的事件。虽然卡特政府存在种种缺陷,但它致力于精简联邦政府,并将重要的决策权交还给行政部门分部。中东石油危机和伊朗革命已经引发了美国公众对外交政策的担忧。然后,在 1979 年 3 月,宾夕法尼亚州三里岛核电站的一个商用核反应堆发生了部分熔毁,引起了公众的恐慌。由于事故成功得到了遏制,其造成的实际影响相对较小,但向政界人士传递的信息很明确:这可能是非常非常糟糕的事情,对此你做了什么?

因此,在 1979 年,卡特政府将联邦机构之前的字母汤机构("alphabet

soup",译者注:美国有很多联邦机构一般是用英文字母作简称,如 FBI、CIA、FDA 等。而美国人特别喜欢喝一种汤,它叫作字母汤,里面有很多用面粉做成的英文字母,所以美国人戏称这些联邦机构为字母汤机构。)与灾害准备和响应监督机构合并成一个统一的实体——联邦应急管理局。这一至关重要的倡议简化了联邦程序,既可减轻各种灾害造成的灾难性影响,又可通过直接指挥系统使总统及其政府随时了解现场的事态发展。联邦应急管理局的成立,代表了美国历史上准备工作的最大一次整合(Sylves,2008:59)。

这些早期文件中提到的目标和目的确实具有变革意义。这个新机构有责任和权力应对范围极其广泛的一系列危害,从恶劣天气和洪水,到森林火灾和核辐射。这个机构在政府结构中的定位也很重要。至关重要的是,机构负责人直接向美国联邦政府的行政部门报告,并将新的重点放在预防、准备和减缓未来突发事件上。

美国联邦应急管理局于 1979 年 3 月 31 日正式成立——距三里岛事故发生还不到一周。前人事管理办公室(OPM)主任约翰·梅西(John Macy)成为新组织的第一任主任(Haddow et al.,2008:6)。然而,更多的变化正在逼近。

五、新方法的出现

即将上任的罗纳德·里根(Ronald Reagan)政府与其前任有着不同的优先考虑事项,这在美国政治中是常有的事。20 世纪 80 年代,美国联邦应急管理局的主要任务是为美国大陆与苏联的核交火做准备,并保持政府的连续性。路易斯·吉弗里达(Louis Guiffrida),一位反对罗尔克主义的退伍军人,被任命为联邦应急管理局局长。他的粗暴无礼惹恼了许多人,其名声也毁誉参半。这是一段喜忧参半的时期,环境灾难有所增加,但飓风等恶劣天气事件相对较少。吉弗里达将联邦应急管理局搬到了一个统一的总部,并在马里兰的埃米茨堡建立了一个多学科培训基地,基地后来发展成为备受推崇的紧急管理学院(EMI)。

在里根的第二任期结束时,重要的 1988 年《斯塔福德法案》——于 1989 年实施——基本上取代了之前的民防条例和指南。该法案的核心是授权行政部门发布重大紧急事件和灾难声明,制订广泛的资格标准,并明确美国联邦政府提供援助的类型(Sylves,2008:60)。《斯塔福德法案》规定的援助范围包括向美国州和地方政府提供援助、清除废墟以及向受影响的个人提供赠款。然而在此期间,在任何重大事故的响应和恢复阶段,美国联邦应急管理局仍然高度依赖承包商和志愿人员的协助。

《斯塔福德法案》同样也受到批评,被指它只在灾害发生后集中采取减缓措施,与恢复阶段同时进行(Birkland,2006:112)。这种疏忽后来在 2000 年的《减灾法案》中得到某种程度的纠正。

确切地说,美国这一时期的状况代表了从一开始就处于应急管理核心的斗争,即在以军队为基础的人为灾害模式和更以平民为导向的全灾种模式之间的拉扯。频繁更换联邦政府和高级领导人只会放大这种政策的波动。这在美国特别普遍,而同样的平衡行为也发生在其他发达国家的首都内部。

1989 年被证实是美国应急管理的又一个关键年份。除了乔治·赫伯特·沃克·布什(George H. W. Bush)政府即将上任以及《斯塔福德法案》实施,雨果飓风于该年 9 月袭击了美国南部各州;不到一个月,洛玛-普雷塔地震又袭击了加利福尼亚州。在这两起事件中,联邦应急管理局因其响应迟缓、乏力而受到严厉批评。事实上,南卡罗来纳州资深参议员欧内斯特·霍林斯(Ernest Hollings)恶意地将联邦应急管理局称为"一群官僚蠢蛋"(Haddow et al.,2008:9)。联邦应急管理局能继续存在很可能是由于每次事故中相对较少的死亡人数。

1992 年的《联邦响应规划》是美国应急管理全面改革过程中的又一重大进步,但未能阻止在同年晚些时候联邦应急管理局在佛罗里达的安德鲁飓风和夏威夷的伊尼基飓风登陆后受到严厉批评。1992 年 9 月,美国国会授权国家公共管理学院(NAPA)对 1993 年发布的地方、州和联邦响应方案进行了全面审查,并就联邦应急管理局的领导和运作提出了各种各样的建议。在 2001 年的"9·11"恐怖袭击事件发生之前,由此带来的变化对该机构来说是最彻底的。

然而到 1993 年,美国应急管理的系统性变革真正即将到来。在整个 20 世纪 90 年代,转型的联邦应急管理局局长詹姆斯·李·威特(James Lee Witt)前所未有地强调,减缓措施是美国国家准备工作的关键部分。威特(Witt)是由比尔·克林顿(Bill Clinton)总统任命来管理这个已经陷入困境的机构的,他是第一个真正的应急管理专家。学者罗伯茨(Roberts)指出,"该机构经历了行政史上最显著的转变之一"(Roberts,2006:16)。威特(Witt)提出的基本改革措施包括在机构内形成 3 个主要的阶段性"部门":减缓、准备和响应/恢复。

1993 年发生在美国中西部多个州的特大洪水顷刻向威特(Witt)袭来,考验了他的决心(这也给了作者第一次在野外填装和堆放沙袋的经验)。野火、另一场加利福尼亚州地震和第二轮洪水都在两年内接踵而至。通过一系列有能力且高度可见的响应、恢复和减缓措施,美国联邦应急管理局开始真正向政治家和美国公众证明它的价值。

至关重要的是,该机构还利用联邦减灾和重建基金将人和建筑物从洪泛区迁移到别处,从而避免了之前在同一洪水易发地区重复建造同一栋房屋或企业的困境。克林顿(Clinton)对威特(Witt)和联邦应急管理局的奖励是将局长一职提升到内阁职位——这是一种技术专家政治论式的晋升,但也是十分重要的晋升。

1993 年针对世贸中心的国际恐怖主义、1995 年发生在俄克拉何马城的(美国)国内恐怖主义以及在欧洲和中东增多的类似事件,都是未来将要发生的事情的预兆。这些年来,美国联邦应急管理局似乎避免在恐怖主义的问题上扮演领导角色,但它确实将其作为更大的全灾种任务的一部分(表 2.1)。

表 2.1　美国重大应急管理法案的总结

年份	标题	总结
1934	《防洪法》	赋予了美国陆军工兵部队防洪减灾的权力
1950	《联邦救灾法案》	向美国各州和地方政府提供设备和物资等联邦资源

续表

年份	标题	总结
1953	联邦民防管理局	创立了美国第一个联邦协调机构
1968	《国家洪水保险法》	制订了"全国洪水保险计划"
1974	《灾害救济法》	开始形成联邦全灾种模式
1978	《3 号重组计划》	演变成联邦应急管理局
1988	《斯塔福德法案》	设定灾难申报程序以及联邦授权/援助流程
2002	《国土安全法案》	创立了国土安全部(DHS)
2003	《国土安全总统 5 号指令》	建立了国家事故管理系统指挥结构
2006	《卡特里娜飓风后的应急管理改革法案》	重新认识自然灾害,肯定联邦应急管理局的多阶段责任

六、这改变了一切

当然,如果没有对 2001 年 9 月 11 日发生的事件以及由此成立的美国国土安全部进行调查,任何关于现代美国灾害管理的总结都是不完整的。那天早上劫持四架客机的事件将永远改变美国应急管理职业。在短短几个小时内,近 3 000 人死于有记录以来最大规模的恐怖主义行动。整个东海岸的应急管理人员都被动员起来了。来自东海岸的应急管理人员与来自消防、执法、紧急医疗部门和军队的同行一道被动员起来进行初步响应。

第一波救援行动很快就在美国全国范围内展开,人员包括技术高超的城市搜救队员、警犬队员、土木工程师、悲痛顾问和志愿协调员。接下来的日子是美国最黑暗的一些日子,却史无前例地证明了一批合格的、专业的应急管理人员的价值和重要性。在曼哈顿的世贸中心遗址尘埃落定之前,美国政府内部正在进行一场大规模的政策变革。

国土安全部是在乔治·沃克·布什(George W. Bush)总统任期内根据 2002 年的《国土安全法案》正式成立的,前宾夕法尼亚州州长汤姆·里奇(Tom

Ridge)被任命为首任部长。新机构的一般组织形式于当年的 11 月正式通过。2003 年 3 月 1 日,来自 22 个现有联邦机构的 175 000 多名雇员被正式纳入国土安全部。联邦应急管理局局长乔·阿尔博(Joe Albaugh)当天宣布辞职,接替他的是政治候选人迈克尔·布朗(Michael Brown)。

作为自 20 世纪 40 年代中期美国国防部成立以来最大的政府重组,美国国土安全部代表了 20 多个联邦机构合并成一个单一的"超级部门"。努力将如此广泛的议程和潜在的危害结合起来同样非常关键。时至今日,将国家安全和应急管理这两个有时截然不同的领域结合起来仍然是一大争论点,同时也是学术研究的一个主要领域。

毫无争议地,美国应急管理界立即将恐怖主义列为潜在危害和威胁之一,这是完全可以理解的。联邦应急管理局是规模大很多的美国国土安全机构的一部分,而且在阿富汗和伊拉克的新冲突中,大量国民警卫队和预备役部队被部署在海外。先前,美国地方和州机构的大多数应急管理高级职位由消防部门的人员来填补,如今更多的是由执法专业人员填补。从一般意义来说,野外火灾模式又恢复到 1979 年以前的军队模式。

作为事故指挥系统的变体,美国国家事故管理系统在这些重要的年份被采用并在美国全国推广(详见第六章"事故指挥系统和国家事故管理系统")。事故指挥系统模式的几个核心特征是非常可取的,包括可伸缩性、通用的操作程序和通俗易懂的语言。

在此期间,美国国会为国土安全部和联邦应急管理局提供的资金也大幅增加,导致任务地区和核心能力的大规模扩张。和任何这样井喷式的增长一样,其中也存在浪费和财政行为不当的情况。2005 年,米歇尔·切尔托夫(Michel Chertoff)出任美国国土安全部部长,开始了评估和整改。这个时候,美国联邦应急管理局的任务几乎完全转向了响应和恢复。

在 21 世纪的第二个 10 年,美国联邦资助开始趋于平稳,然后下降。即使应急管理职业经历了一个时代的变迁,人为灾害和自然灾害还是会对城市产生深远的影响。

七、联合国模式

联合国开展了各种各样的开拓性工作,这些工作被视为与应急管理的准备阶段或减缓阶段相对应。包括改善偏远城市地区之间的交通网络,或改善淡水供应以降低水传播疾病的风险。在农村和城市地区的人类冲突和自然灾害期间及之后,联合国还在为难民提供安全住房方面开展了广泛的工作。

1995 年,联合国在更大的联合国开发计划署(UNDP)行动范围内成立了应急司(ERD)。联合国开发计划署总体预算的整整5%分配给了迅速对灾害做出现场响应的专门小组(Haddow et al.,2008:257)。几年之内,《灾害减缓和恢复方案》(DRRP)及危机预防和恢复局(BCPR)也在更大的联合国开发计划署综合性计划下产生了。

短短几年,联合国实际上在国际灾难减缓、响应和恢复阶段已经成为一个正式和专业的参与者。减缓工作包括前面提及的基础设施的改善,除此之外,还有资金的增加和能力的提升,以减少当前和未来开发项目的风险。

联合国实地响应工作由人道主义事务协调办公室(OCHA)监督。通常情况下,针对特定灾害的 90% 的响应预算是通过个人或成员国的定向捐款获得的。灾后恢复工作包括在灾害发生后尽早、熟练地评估损失,并为流离失所者和难民制订重返社会计划。

因此,虽然联合国的"蓝盔部队"执行维和行动可能是人们对该组织的第一印象,但实际上联合国确实为国际社会包括城市地区提供了广泛的灾难服务。

八、欧洲模式

2001 年,欧洲联盟(简称欧盟)启动了公民保护机制,这是一项跨越传统国界提供援助的合作协议。欧盟很快建立了应急响应协调中心(ERCC),这是一个具有广泛监测和通信能力的应急行动中心。协议的成员国包括 28 个欧盟核心国家,另外还有大约 6 个签约国。与美国的国土安全部不同,欧洲的努力似乎倾向于自然灾害。2013 年和 2014 年席卷欧洲中部和东南部的洪水得到了该组织相对有效的响应,尽管协调和及时性的问题仍然存在。

有趣的是,该协议允许任何国家请求援助,包括欧洲大陆以外的国家。该组织最近的资产部署包括海地、日本和尼泊尔的危机,这些都远离欧洲舞台。此外,该组织在协调欧洲对 2014 年非洲埃博拉疫情的后勤响应方面也发挥了关键作用。

虽然这一机制肯定会给成员国和其他请求援助的国家带来好处,但欧洲模式仍落后于美国更为统一的联邦政府的努力。然而,由于欧洲大陆绝大多数的危机仍由地方或国家的团队在处理,该协议——特别是应急响应协调中心——提供了有效的监测、通知和沟通渠道。鉴于目前欧盟计划相对年轻,其进展还是非常显著的。

第三节 案例研究

一、实例

2005 年 8 月 22 日的那一周,美国国家飓风中心(National Hurricane Center)追踪到一个热带低气压增强为热带风暴的过程,越来越引起人们的关注。8 月 25 日,风暴在美国佛罗里达州南部边缘形成弱飓风,并进入墨西哥湾。美国国家飓风中心和国家气象局于 8 月 26 日下午开始向地方和州政府发布紧急警报。

到 8 月 27 日,受墨西哥湾温暖海水的影响,卡特里娜飓风增强为 3 级飓风,向西北方向袭击了路易斯安那和密西西比海岸。在几个小时内,它已经发展成为一个巨大的 5 级风暴,风速接近每小时 175 英里。气象机构继续通过电话、视频会议和媒体发布警告,提供高度准确的跟踪,预测这场巨大风暴将在哪里登陆。风暴直接穿过新奥尔良市——它是美国唯一一个大部分位于海堤之下的主要城市地区。

由堤坝和水泵组成的系统加固了新奥尔良市和周边的教区,但很多堤坝和水泵都可以追溯到 20 世纪 30 年代。墨西哥湾沿岸的许多其他地区受到的保护甚至更少。就跟之前的许多次风暴一样,效率低下的领导协调和薄弱的公共信息传递使得许多居民和企业主不确定是疏散还是试着就地安然度过风暴。2005 年 8 月 28 日上午,新奥尔良市市长发布了强制疏散命令,而此时距离飓风抵达该市还不到 24 小时。

卡特里娜飓风于 8 月 29 日沿密西西比河西岸登陆路易斯安那州南部,距离新奥尔良市只有几英里远。该地区海拔约 3 英尺(1 英尺 ≈ 0.305 米),卡特里娜飓风前的风暴潮最高约 28 英尺。任何靠近海岸线的建筑物或生物都被冲走了。

在风暴登陆后的最初紧张的几个小时里,新奥尔良市的居民和官员们都觉得自己"躲过了一劫"。最初的报道表明,由于降水量接近 8 英寸(1 英寸 ≈ 0.025 4 米),风损很小,一些街道被淹,但堤坝似乎没有垮塌,大部分水泵仍在运转。然而,躲过一劫是不可能的。

新奥尔良市和周围教区地形独特,密西西比河、庞恰特雷恩湖和多条运河纵横交错。当地官员和媒体接到一个又一个有关街道上发生大规模洪灾的紧急而恐慌的报道。防洪堤和水泵一个接一个地崩塌,整个地区被几英尺高的咸风暴水淹没。最终,对于这个拼凑起来、基本上过时的保护城市的系统来说,风暴潮实在是太大了。总而言之,超过 50 座堤坝完全被淹没或完全坍塌。新奥尔良市被淹没了,密西西比州和亚拉巴马州的海岸情况也好不到哪里去。

二、分析和调查

2005 年 8 月 30 日,黎明的曙光揭开了可怕的真相。与早期的报道相反,墨西哥湾沿岸地区受到了一场强飓风的直接袭击,并伴有巨大的风暴潮。从亚拉巴马州到得克萨斯州的美国大部分沿海地区直接被水墙冲走,新奥尔良市的城市中心受损尤为严重。

暴风雨过去后,响应人员和平民立即开展了英勇的搜救行动。然而,由于缺乏协调一致且有组织的计划,这些行动受到了阻碍。事先准备好的资源和物资就放在灾区外,等待混乱的指挥系统指引。临时应变很快成为惯例,当海岸警卫队的直升机机组人员意识到许多居民被洪水困在房屋的顶楼时,他们飞到内陆的家得宝店(Home Depot,译者注:家得宝店是美国家居连锁店)取回更大的斧头来砍穿屋顶。

尽管人们做出了不懈的努力,但损失已经造成。卡特里娜飓风造成了超过1 000 亿美元的财产损失,是美国历史上最严重的飓风。最终,这场风暴造成了人约 1 800 人死亡——10 年过去了,不同的政府机构仍未就确切数字达成一致。绝望的幸存者被困在公共设施里,没有政府干预或援助的迹象,相关媒体报道迅速传遍全球。

导致这一结果的一系列问题早在 2005 年就出现了。最终由美国陆军工程兵团负责维护新奥尔良市内及周边地区的电子电气系统。然而,该机构监管的是几十年前拼凑起来、年久失修且长期资金不足的基础设施。

美国各级政府也经历了严重的纵向分裂和横向分裂。在危机之前和危机期间,地方、州和联邦领导人之间缺乏有效的沟通。虽然当威胁变得明朗的时候,一些人际关系被证明还是有用的,但似乎没有哪个级别的政府确切地知道它的上级或下级负责什么。最终,这种沟通上的不畅直接导致政府在疏散老百姓或试着就地为他们提供庇护这一问题上举棋不定。

在国家层面,美国联邦应急管理局自 2001 年以来已将重点转移到与恐怖主义相关的威胁上。虽然对应对自然灾害的资助基本上保持不变,但提拔顶尖人才和大幅增加预算显然有利于那些聚焦人为灾害的业务单位。

联邦应急管理局也严重缺乏领导能力。局长迈克尔·布朗(Michael Brown)是由政界人士任命的,没有应急管理经验或资历。作为布什竞选活动的财政捐助者,他之前的角色是国际阿拉伯马协会的领导人。这一弱点直接导致美国联邦政府响应行动的延迟和无效。

另外,必须指出的是,公众的认知在控制灾害的范围和规模上发挥了作用。最近的飓风是相对温和的事件,几乎没有人员伤亡。罗伯茨(Roberts)指出,"在20 世纪,联邦政府在灾害发生前后的援助水平逐渐提高"(Roberts,2006:25)。每个美国人似乎都相信联邦政府会在最后一秒带着令人惊叹的规划和资源介入——除了联邦政府自身。

因此,正是美国各阶层的自满决定了那些在 2005 年 8 月下旬失去生命的人的命运。之前的飓风都是可控的,按照这样的思维去想,那么这次也是可以的。人们认为一切都会好起来的,直到结果并非如此。

三、案例研究结论

美国各州和地方政府必须在减灾和对灾害做出初步响应方面发挥更大的作用,包括纵向和横向规划和交流。联邦应急管理局也必须继续从卡特里娜飓风事件中吸取教训。罗伯茨(Roberts)对三管齐下的方法提出了很好的建议:将工作重点放在应急管理上,恢复全灾种和全阶段的进程,赋予地方和国家实体更多的准备和响应责任(Roberts,2006:28)。

公民、企业和非营利组织也必须更多地参与规划和准备过程。卡特里娜飓风事件表明,拖延直至最后时刻采取行动是一个致命的错误,尤其是在城市环境中。更有见识、更有能力、更有准备的民众是每一个应急管理人员的最佳盟友。

最终,无能和优柔寡断的领导层辜负了墨西哥湾沿岸及其居民。乔治·沃克·布什(George W. Bush)政府受到了严重指责,但几十年来,堤坝系统和水泵基础设施一直被忽视。从这个意义上来说,尽管代价高昂,卡特里娜飓风事件还是可能被认为是混合灾害的经典教训。其发生的根本原因是自然现象,但可怕的级联影响被人为错误和自满在多个层面极大地放大了。

第四节　目前的发展状况

回顾过去,2005 年的确是美国应急管理史上的低谷。那么,如今的专业领域处于什么位置呢?

卡特里娜飓风事件的确给美国应急管理界带来了重大变化。飓风过后不久,迈克尔·布朗(Michael Brown)迫于压力离开了联邦应急管理局。消防专业人员戴维·保利森(David Paulison)调任该职位。作为一名合格的规划者和响应者,保利森(Paulison)接手了联邦应急管理局当时可怕的名声,并背负着人们对野外火灾和应急管理阵营固有的怀疑和不信任的包袱。尽管如此,他还是带领着机构度过了一段极其艰难的时期。

美国多个政府机构对卡特里娜飓风的无效响应措施进行了多次检查和调查,保利森(Paulison)花费了很多时间坐着面对国会委员会和小组委员会。结果产生了不少于 6 项立法,其中最重要的是 2006 年的《卡特里娜飓风后的应急管理改革法案》。该法案重新整合了联邦应急管理局内部的所有联邦应急管理阶段,并赋予该机构对其资产和承包商相当大的自主权(Haddow et al., 2008:24)。至关重要的是,它还在美国各地设立了多个联邦应急管理局区域办事处,为州和地方合作伙伴提供附近关键的联络点。

与此同时,整个墨西哥湾沿岸的州和地方应急管理人员承担了大规模的恢复和重建工作。重要的是,在很大程度上由于这些现场专家的努力,大量的减缓措施随着重建工作的开展而出现,其中包括按照现代标准对新奥尔良市的水泵和堤坝基础设施进行全面重建。此举的目的是保护城市中心及其居民在未来免受类似卡特里娜 3 级飓风的袭击。

欧洲和亚洲的努力继续沿着类似的路线进行,在地方和区域应急管理方面显示出积极政策和消极政策的结合。值得记住的是,2004 年年末的印度洋大地震及其引发的海啸——不是卡特里娜飓风,也不是"9·11"恐怖袭击——仍然是现代历史上规模最大、最具灾难性的事件。最初的响应再次滞后,部分原因是受巨浪影响的许多地方十分偏远。不过,世界最终做出的响应在规模和参与国的数量上都是前所未有的。

2009 年 5 月,新当选的美国总统奥巴马(Barack Obama)任命克雷格·富盖特(Craig Fugate)领导联邦应急管理局。富盖特(Fugate)曾任佛罗里达州应急管理主任,并成功地指导地方和州一级对一系列自然灾害做出响应,其中包括应对几次飓风。在多年任期内,他推动了联邦应急管理局内部技术的采用,并处理了一系列自然灾害和技术灾难。富盖特(Fugate)在美国应急管理界广受尊重,他在 2012 年桑迪飓风和 2016 年马修飓风灾害中的规划和响应措施获得了普遍好评。他愿意在整个 1 年任期内都担任要职,这也为这一职位带来了一段难得的稳定时期,该职位的任职者在一届政府内经常更换多次。在最近一波席卷西方的民族主义和民粹主义政府浪潮中,新任高级联邦应急管理人员的资格和地位还有待证明。

总的来说,目前应急管理的发展状况可以被准确地描述为"积极的"。就像过去几十年一样,地震、恐怖主义、洪水和桥梁垮塌等灾害继续困扰着国际社会。应急管理及其不断演变的事故指挥系统方法论将在今天和未来我们面对这些挑战时发挥关键作用。

第五节　小　结

　　因此,在进入新千年的这 20 年(译者注:指 2000—2020 年)里,应急管理仍然是一个充满活力的职业,希望我们能从过去的灾难中汲取教训,并将最佳做法应用于我们有生之年肯定会发生的灾难。随着时间的推移,西方应急管理计划和流程的力量、结构已经发生了变化,并从武装部队和野地消防中获得了重要提示。在美国,重要领导人和多项立法帮助地方、州和联邦各级形成应急管理职能。"9·11"恐怖袭击导致美国国土安全部成立以及应急管理的重心向恐怖主义和其他人为灾害转变,而卡特里娜飓风灾害帮助美国重新回到全灾种模式。

延伸阅读:

U. S. Department of Homeland Security (2011). National preparedness system. Washington, D. C. : Federal Emergency Management Agency.

第三章

自然灾害和城市环境

3

第一节　引　言

2004 年 12 月 26 日，在印度洋海底近 20 英里处，一块 800 英里长的板块突然发生了位移。这些巨大的断裂被地质学家称为巨型逆冲断层，它们以产生地球上最剧烈的地震而闻名。

苏门答腊-安达曼地震就是这样一种情况。它是现代史上强度第三大的地震，在距震源数千英里的印度尼西亚北部海岸都有震感。最糟糕的还在后头。

这条长达 800 英里的水下裂缝把海床的一侧迅速向上推，排出了大量液体。现代最大的地震之一造成了现代最大的海啸之一。巨大而隆起的水浪沿着构造板块移动的整个路线涌动出来，不是从一个点开始，而是从一条大致从北至南的延长线开始。

在印度洋表面附近，这种大规模的水浪只会显现出不到一米高的小波浪。然而，这个液体脉冲会以令人难以置信的速度移动——超过每小时 400 英里——直到接近陆地和浅水处。在那里，它减慢了速度，但向上转化力量，当它到达海岸线时,形成了高达 80 英尺的连续水墙。

这次破坏是灾难性的,在印度尼西亚、斯里兰卡和泰国,整个城镇和村庄被夷为平地。灾祸影响被证实远至东非大陆。在地球的两端,包括南非、墨西哥和阿拉斯加,都观测到了显著的潮汐。

据了解,海啸总共造成大约 23 万人死亡,其中主要是在印度尼西亚,不过很多人的尸体被冲入大海,最终的死亡人数可能永远无法得知。这一可怕的数据使这次海啸成为至少自 1976 年以来最严重的自然灾害。联合国估计,清理和恢复的代价将是其历史上最大的,成员国承诺援助 140 亿美元。私人向非营利组织和慈善组织的捐款可能超过这个数额。从现实意义上说,灾后恢复在 10 多年后仍在继续。

第二节　分　析

2004 年的印度洋海啸或许是自然灾害的一个极端例子,但它高度反映了我们所处环境中所蕴含的力量。在人类历史上,自然灾害是造成人过早死亡的主要原因之一,仅次于战争和种族灭绝。联合国减灾风险办公室(United Nations Office for Disaster Risk Reduction)估计,每年因自然灾害造成的损失在 2 500 亿到 3 000 亿美元之间(Miles,2015:2)。

风险因素

显然,自然灾害是值得我们高度关注的。我们在处理特定类型之前,必须处理常见的风险因素。风险因素可以被看作放大镜或倍增器,其夸大某一特定灾害对某些群体的正面或负面影响。

例如,因卡特里娜飓风而死亡的往往是穷人、残疾人或少数民族人口。自然灾害——飓风和暴风雨——是这些人死亡的根本原因。然而,风险因素在很大程度上造成了如此多的死亡人数。许多受影响的社区,尤其是老年或残疾居民社区,其文化和社会习俗是就地"安然度过"风暴,就像之前的飓风一样。而且,美国新奥尔良市的强制疏散令发布得极其晚,导致那些没有私家车的穷人没有真正可行的交通工具可选择。

这些社会、文化和经济特征被称为风险因素。值得注意的是,它们的影响可以增加或减少特定灾害或威胁的影响。富人更有可能拥有一辆私家车,也更容易获得储蓄或信贷,从而形成一种多方面的支持机制,低收入的个人是无法获得这种机制的。在人口密集的城市环境中,这些优势或劣势在本质上往往是地理上的,沿着经济带划分社区。类似的分组在社会学或文化标识符中很常见。

公认的风险因素包括:

- 年龄;
- 性别;
- 种族;
- 宗教信仰;
- 健康状况;
- 安全措施;
- 准备状态;
- 文化程度;
- 经济状况;
- 信用等级;
- 储蓄状况;
- 保险。

正如哈多(Haddow)、布洛克(Bullock)和科波拉(Coppola)所指出的,穷人或残疾人每天更有可能生活在财政灾难的边缘,他们比富人或健全人更容易耗尽自己的资源(Haddow,Bullock & Coppola,2008:71)。这种差异在城市环境中将会变得更加鲜明。

从本质上讲,所有这些风险因素的共同特征是个人或家庭是否就地拥有关系网。无论风险因素在本质上是社会的、文化的还是经济的,在突发事件或灾难发生之前,就地拥有一个关系网是预测个人或家庭与他们的同辈相比在危机中如何生存的最可靠的指标。

第三节　自然灾害的类型

同样,自然灾害可以被定义为自然是潜在损失来源或起因的主要驱动因素。自然界是一个复杂的系统,它所能产生的灾害类型千差万别。

2016年,一项由《联合国国际减灾战略》(UNISDR)支撑的研究表明,在之前的50年间,自然灾害是62%灾难和80%相关死亡的主要原因。与天气相关的原因是死亡的首要原因,其死亡人数占灾难相关死亡人数的45%,而地震和海啸等地球物理原因导致的死亡人数占记载死亡人数的30%(UNISDR,2016:2)。重要的或更频繁发生的灾害类型当然值得进一步审查。

一、地震

地震是一种地表以下的岩石突然移动的事件。事实上,这种移动可能是短暂而猛烈的,也可能是渐进而"起伏的"。它们可能发生在陆地下面,也可能发生在海洋下面。它们是所有自然灾害中最具破坏性的灾害之一。

地质科学已经发现了许多巨大的物质或板块,它们构成了地球的外壳。这些板块是在数十亿年前地球冷却时形成的,但从那时起,它们就一直在越过对方,沿着对方或在对方上层移动和滑动。这些大板块相接的平面被称为断层,是大多数地震的震源。多个较小的亚断层在现有大陆上纵横交错,蜿蜒地穿过海底。换句话说,我们人类所认为的固态地面,只不过是一系列位于熔融内核之上的大块石板或岩石。

地震事件的严重程度通常用两个等级来判断,里氏震级和麦氏震级。随着时间的推移,两者都得到了更新和修改,并测量到略有不同的因素。里氏震级通常是由地震仪记录的,它决定了地球表面某一地点震动的规模大小或严重程度。它的范围从 1(几乎检测不到)到 10(灾难性的)。麦氏震级是基于地表可观测的破坏程度来确定的,范围从 Ⅰ(无损毁)到 Ⅻ(毁灭性)(表 3.1)。

表 3.1 比较现代麦氏震级和里氏震级

麦氏震级	程度	破坏程度描述	里氏震级
Ⅰ—Ⅳ	仪器可测	无损毁	≤4.3
Ⅴ	较强	损失可以忽略不计。小的不稳的物件会移位或翻倒;一些餐具或玻璃出现破裂	4.4—4.8
Ⅵ	强	损失轻微。窗户、餐具、玻璃器皿破裂。家具摇晃或翻倒。不牢固的灰泥和砖石开裂	4.9—5.4
Ⅶ	非常强	结实的建筑遭受轻微到中度损失。劣质建筑损失严重。家具和不牢固的烟囱破损。砖石损坏。松动的砖、瓦、灰泥和石头掉落下来	5.5—6.1
Ⅷ	破坏性	结构性破坏相当大,特别是对劣质建筑的破坏。烟囱、纪念碑、高塔、高架水塔可能会倒塌。框架房屋摇晃。树木受损。潮湿的地面和陡峭的泥块上出现裂缝	6.2—6.5
Ⅸ	毁坏性	结构性损伤严重;一些建筑物将会倒塌。地基遭到一般性损坏。水库遭到严重损毁。地下管道破损。地面有明显裂缝;液化	6.6—6.9
Ⅹ	灾难性	大多数砖石和框架建筑/地基被毁。一些建造良好的木建筑和桥梁被毁。水坝、堤坝和堤岸遭到严重破坏。泥沙冲移到沙滩和平地上	7.0—7.3
Ⅺ	严重灾难性	很少或没有建筑物存在。桥梁被毁。地上有很宽的裂缝。地下管道完全停止使用。出现大面积的滑坡和塌方	7.4—8.1
Ⅻ	毁灭性	几乎全面损毁。大型岩体发生位移,瞄准线和水平线发生扭曲	≥8.2

来源:美国联邦应急管理局

地震对地表和地下的基础设施都构成了严重的威胁,可能会导致大型或劣质建筑和桥梁的倒塌。这些级联效应可能会转而切断大面积的公共设施,或者引发火灾。正如引言中所提到的,水下地震会引发海啸,从而加剧并扩大损害的范围和规模。

虽然地震在地理上有一定的可预测性——通常,但并不总是沿着既定的断层线发生——但事实证明,地震发生的时机和风险的级联性极具挑战性。例如,由于同时停电,因不牢固的堤坝引起的洪水可能难以控制。由于街道弯弯曲曲,人员可能难以到达因燃气管道破裂引起的火灾现场。因此,在有效的城市应急规划中,必须处理的不仅是强震,而且包括其对重要基础设施产生的影响。

人类活动也会导致地震的不稳定性。各种学术研究人员和美国地质勘探局(USGS)调查了俄克拉何马州在短短 10 年内可测量地震数量增加了 300 倍的情况,并得出结论:石油开采的水压致裂(或称"水力压裂")是一个强大的诱因。这一倾向包含 2016 年出现的里氏 5.0 级以上的大地震。虽然自然作用仍然是地震的主要原因,但人类对地震的潜在影响仍在进一步研究中。

减缓和准备是地震应急管理循环的关键部分。日本等国家的领导人已经证明,强有力的建筑法规,包括加固老旧建筑、让平民和应急管理人员进行防备演习等,是减少地震造成的伤亡的行之有效的方法。

二、洪水

洪水是指水出现过多而超出了地平面,这是人类历史上最具破坏性和人类付出代价最大的自然灾害之一。洪水的两种主要类型是内陆洪水和河流洪水。

当大量的水短时间内淹没一个地理区域时,内陆洪水通常就会发生。例如,短时间内过多的降水或堤坝决堤释放大量水都会引发内陆洪水。

河流洪水发生在既定的水域附近。它的发展速度一般比内陆洪水要慢,但可能造成更大的破坏性。当大量的水流入一个既定的水域如河流、溪流或湖泊,超过其容量时,就会发生河流洪水。

值得注意的是,几千年来,人类的发展集中在可通航的水道附近,无论是海港还是内河航道。因为这些地方至关重要,它们为大量人口和商业提供了新鲜食物和水源,大多数大型城市地区现在都位于大水域附近。

所以,尽管自然力量仍然是洪水的根本诱因,人类还是再次成为主要因素。大量的建筑使用不透水的材料,如混凝土和柏油,防止水被吸收到地面。河堤和大坝限定或限制水流注入现有的渠道,限制水的吸收和蒸发,并将更多的水输送到下游社区。而湿地——传统的天然吸水海绵——的减少只会使问题恶化。

还需注意的是洪水与其他以水为基础的自然灾害(如飓风和风暴潮)之间的密切关系。在这类灾害中,水往往是共同因素,当它与复杂的城市环境接触时,就成为一种级联风险。

洪水往往是一种长期的灾难。它的影响在洪水退去后很长一段时间都能感受得到,洪水过后经常留下大量的淤泥和残骸,因此水传播疾病的风险也随之增加。洪水造成的损失也很大,而且挥之不去。美国联邦应急管理局估计,1993 年美国中西部大洪水和 2005 年卡特里娜飓风造成的与水相关的损失分别超过 60 亿美元和 150 亿美元。请记住,这些数字仅仅代表与洪水相关的损失,而不是相关费用。

减缓措施,如加固堤坝和强制新建、修筑有效的雨水渠,仍然是城市应急管理人员抗击洪水的最佳工具。规划有效的疏散和避难机制对于易遭水灾城市也至关重要。

三、飓风

飓风是热带风暴中最猛烈的一种,由风和水组成的巨大旋转墙能达到每小时 74 英里的速度甚至更迅猛。这种风暴在辽阔的海洋上形成,在太平洋的被称为台风,在印度洋的被称为旋风。就受影响的地理区域规模而言,它们一直是最大的威胁之一。

鉴于它们引发于海洋,沿海城市显然面临着遭受飓风破坏的最大风险。然而,这些风暴十分强大,它们可以向内陆移动数百英里,并在慢慢消散的过程中继续倾泻数英寸的强降雨。

飓风通常需要温暖的海水温度来增大强度。因此,北半球的飓风季节是 6 月 1 日至 11 月 30 日,南半球则是 11 月 1 日至 4 月 30 日。(请注意,在热带的纬度地区,全年都有可能形成旋风。)一旦热带风暴变成飓风,它可以在辽阔的海洋上持续 2 周。飓风/旋风/台风的强度是通过萨菲尔-辛普森等级来分级的,数字越大表示风速越大,影响就越严重。

- 类别 1——风速 74 ~ 95 英里/小时,风暴潮 4 ~ 5 英尺;
- 类别 2——风速 96 ~ 110 英里/小时,风暴潮 6 ~ 8 英尺;
- 类别 3——风速 111 ~ 130 英里/小时,风暴潮 9 ~ 12 英尺;
- 类别 4——风速 131 ~ 155 英里/小时,风暴潮 13 ~ 18 英尺;
- 类别 5——风速 155+英里/小时,风暴潮 18+英尺。

正是这种风和水的结合使得所有的热带风暴尤其是飓风,变得如此危险。人、建筑和基础设施都将受到这样一系列因素的严峻考验。气候变化可能会增加这种热带风暴的发生频率和强度。

可以预见的是,这些风暴造成的损失是天文数字。2005 年的卡特里娜飓风仍然是美国历史上损失最大的灾难,估计总损失超过 800 亿美元(见第二章"应急管理的发展和历史"中的案例研究)。如果桑迪飓风在接近纽约和新泽西海岸时没有大幅减弱强度的话,这一代价或许与之不相上下。

西太平洋地区的台风威力更大,根据气压计算,1979 年的台风"蒂普"被认为是现代历史上最大最强的风暴。在它袭击日本南部之前,持续风速达到每小时 190 英里。2013 年,台风"海燕"的气压几乎达到了同样低的水平,持续风速达到每小时 195 英里。"海燕"登陆菲律宾,造成至少 6 300 人死亡。

减缓和准备措施再次为城市应急管理人员应对这种大规模风暴提供了最佳防御办法。计算机飓风预测模型变得越来越准确,越来越有用,它为那些身处危险的人们提供了额外的警告次数。热带风暴这种自然力量是无法减缓或阻止的,人们只能避开或前往更高的地方。有效的全民告知系统以及健全的疏散和重新安置计划是至关重要的。

四、流行病

流行病是指在地理上广泛传播且不受控制的传染病的暴发。历史上有过许多这样的事件,其中最严重的两次发生在欧洲。

大约有 7 500 万人死于 14 世纪晚期暴发的鼠疫,当时鼠疫被广泛称为"黑死病"。据了解,有近 5 000 万人死于 1918 年开始并为期两年的流感大暴发,这个数字远远超过了此前更著名的第一次世界大战。此后,每一种疾病都暴发了类似的疫情,尽管没有那么严重。

其他可能发生这种大规模交叉感染的现有疾病包括霍乱、艾滋病病毒/艾滋病、疟疾和结核病。季节性流感的暴发通常被排除在这类术语之外,但最近的突变病毒如 H5N1 毒株,即所谓的禽流感病毒,已被证明比大多数病毒致命得多。

尽管科学界发现出血热已经有几十年了,但直到最近 2013/2014 年西非暴发埃博拉疫情,该疾病才受到了全世界的关注。这类疾病具有极强的传染性和致命性,通常会导致 90% 的感染者死亡,这些人感染后都没有得到及时的先进的医疗护理。

从应急管理的角度来看,流行病是一种低概率、高风险的威胁。在城市环境中,通过现代的洲际运输系统,传染病更容易在人与人之间传播。最初的警报可能会由当地医疗机构和医院或联邦卫生官员发出,如美国疾病控制和预防中心(CDC)。

在西方世界,公共卫生官员将在所有此类流行病事件中发挥带头作用,但应急管理人员将发挥关键的支撑作用。对所有公共安全官员和应急管理人员进行培训和教育，将是迅速识别流行病症状、迅速启动公共卫生方案的关键。（恐怖分子或其他极端分子使用化学或生物制剂的可能性在第四章"人为灾害和混合灾害"中有论述。）

五、风暴潮

风暴潮是在热带风暴等大型气象形成前被推动形成的一种移动的水墙。它们虽然与热带风暴等联系在一起，但被认为是一种不同的灾害，因为它们并不直接取决于与风暴本身相关的风或降雨，而是取决于它们所经过的水域。与海啸一样，风暴潮在海上造成的损害很小，但当它们与陆地接触时，情况就会发生剧烈变化。回想一下，在风暴潮从墨西哥湾袭来之前，新奥尔良市的水泵和堤坝成功地应对了卡特里娜飓风引起的强降雨。

风暴潮造成的真正威胁取决于多种因素。从大片水域到周围陆地的一个长而浅的过渡可以使浪涌在一个延伸锋面上增加强度。突出海面的岩石或半岛也会加剧风暴潮。这样的构造可能有助于"引导"更大体积的水流向入海口或浅滩。风暴的压力、大小和前进速度也有助于确定当它接近海岸时，有多少能量在推动着水墙。

最后，涨潮的时机也很关键。如果风暴潮在一个高潮接近海岸线的同时到来，它们可以相互成为对方的力量增倍器，从根本上增加进水的高度。相比之下，低潮或退潮可能有助于减弱即将到来的风暴潮。内陆湖泊和海洋都会出现一种罕见但类似的现象即假潮，其在本质上是一种在水域中振荡的驻波。把它想象成一碗水在有节奏地来回摇晃，最终边缘的水会溢出来。特定的风条件，甚至远处的地震，都可能引发这种效应。

人口密集的沿海地区，如美国周边的大西洋或亚洲大部分地区周边的太平洋，直接处于潜在"超级巨浪"的路径上。如果海平面再次继续上升，这些地区将更容易发生严重的风暴潮事件。就像飓风与风暴潮经常联系在一起一样，应急管理人员必须依靠教育、早期预警和疏散来将人口转移到远离危险的地方。

六、龙卷风

和飓风一样,龙卷风是在已有的气象系统中形成的强度极大的气旋风暴。漏斗云的旋涡对许多来自美国中西部的人来说是熟悉而可怕的景象。龙卷风地带包括得克萨斯州、俄克拉何马州、堪萨斯州、阿肯色州和密苏里州。

尽管气象学家正在取得进展,但与飓风不同,龙卷风很难被准确地预测和跟踪。它们也比热带风暴更为常见,每年被证实的目击次数超过 1 000 次。

雷暴产生的龙卷风在北美最常见,但漏斗云现象已经在多个大陆上被发现,例如,在印度,漏斗云造成了多起大规模死亡事件。龙卷风的持续风速已超过每小时 300 英里。大多数漏斗云仍处在空中,在被吸回它们的发源地风暴锋面之前,它们在表面令人感觉不祥但无害地旋转着。不幸的是,情况并非总是如此。

在 10 多个场合中,龙卷风的暴发已经导致 100 多名美国人死亡。当一道特别强烈的雷暴线,通常还伴随着冷锋,行进在平原各州,它有能力产生成团或"成群"的龙卷风。一个积雨云雷暴云砧可以同时产生三个或更多漏斗云,每一个都对人的生命和财产构成直接威胁。21 世纪早期,这种天气现象在美国南部也变得越来越普遍。哥伦比亚大学当前的研究显示,1965—2015 年,多漏斗群暴发的次数翻了一番(Thompson,2016)(表 3.2)。

运用升级版藤田级数(或傅皮龙卷风级)比较风速可以很好地测量这种旋涡的强度。范围从 0(最小旋转)到 5(毁灭性):

- EF-0,每小时 65 ~ 85 英里;
- EF-1,每小时 86 ~ 110 英里;
- EF-2,每小时 111 ~ 135 英里;
- EF-3,每小时 136 ~ 165 英里;

- EF-4,每小时 166~200 英里;
- EF-5,每小时 200+英里。

表 3.2　美国历史上最致命的龙卷风

日期	地点	死亡人数/人
1.1925 年 3 月 18 日	密苏里州,伊利诺伊州,印第安纳州	689
2.1840 年 5 月 6 日	纳奇兹,密西西比州	317
3.1896 年 5 月 27 日	圣路易斯,密苏里州	255
4.1936 年 4 月 5 日	图珀洛,密西西比州	216
5.1936 年 4 月 6 日	盖恩斯维尔,佐治亚州	203
6.1947 年 4 月 9 日	伍德沃德,俄克拉何马州	181
7.2011 年 5 月 22 日	乔普林,密苏里州	162
8.1980 年 4 月 24 日	路易斯安那州,密西西比州	143
9.1899 年 6 月 12 日	新里士满,威斯康星州	117
10.1953 年 6 月 8 日	弗林特,密歇根州	115

来源:美国国家海洋和大气局(NOAA)

　　EF-4 或 EF-5 级龙卷风造成的破坏非常严重,整个城镇或社区都被风和碎片云夷为平地。龙卷风造成的大多数死亡是由于建筑塌陷或飞行碎片。这类风暴后的搜救行动可能会持续数天,灾害造成的破坏拖延了救援人员前往受灾地区的时间,也让搜救过程本身变得更具挑战性。恢复阶段也不容易。

　　提前预警的次数在增加,准确性也正在提高。由于卫星影像以及多普勒雷达技术的改进,气象学家即使是在被雨水遮挡的飑线内也能够探测到旋转运动。减缓措施再次通过更结实的建筑结构和更好的群众告知程序来拯救生命。响应人员也应该接受训练,以便在极端大风事件后在不利的、满是废弃物的环境中行动。

七、海啸

　　正如本章引言中提到的灾害那样,海啸确实是应急管理人员面临的最强大、最不为人所了解的威胁之一。

海面下或大片水域边缘的任何大规模扰动都有引发海啸的风险。到目前为止，海啸最常见的原因是地震，但火山活动或山体滑坡（地表以上或以下）也可能是一个原因。海啸在本质上是一种从震源点通过深水向外发射的波形。人们认为它能够以高达每小时 600 英里的速度，大约是现代喷气式飞机的最高速度，传播很远的距离。当这些波接近陆地时，本质上它们的频率和强度都被压缩了。

在海啸袭击浅滩之前，这种起伏的波动是水从海岸撤退的原因。当海啸真的到来时，它会以一系列巨浪的形式出现，并伴随着从深水中浮出海岸时的波谷交替出现。就像风暴潮一样，海啸的高度、速度和强度在很大程度上取决于它与陆地接触处的特征——尤其是潮汐状态。有记录显示，海啸浪高曾超过100 英尺。

很明显，这种力量和强度会对海岸线上或附近的任何事物造成巨大的破坏。大多数死亡是由于溺水或碎片冲击。在人们看来，海啸的恢复和清理过程是非常极端的，即使以灾害的标准来看也是如此。海啸可能会用沙子、泥浆和碎片掩埋内陆数百英尺的陆地。根据不同的条件，这样的碎片区可以向内陆延伸数英里，并可能永久地改变既定海岸线的形状和地理位置。

海啸预警系统自 2004 年印度尼西亚发生灾难以来已得到显著改善。但是，它们仍有许多不足之处，因为分布式浮标传感器目前监测威胁的能力和卫星数据之间还存在差距。地震传感器继续提供额外的预警层，以预测在何种情况下有助于形成海啸。美国正在进行的工作由美国国家海洋和大气局（NOAA）领导。

就像飓风和风暴潮一样，沿海地区的应急管理人员必须努力开展教育、预警和疏散工作，将人口从海岸线转移出去。然而，海啸不会像飓风那样提前发出警报，所以公共安全官员必须做好果断采取行动的准备。

八、野火

野火,即野外火灾,野外火灾被看作那些基于植被如森林、草原等的火灾,并且通常在地理上远离重要的人类开发区。然而,随着人类逐渐侵占以前的荒野,这条明确的分界线变得越来越难划清。

根据美国国家林业局的定义,传统的野外火灾分为三类:地表火、地面火和树冠火。地表火通常最常见,也是大多数人想象森林火灾时可能会想到的。它的移动速度相对较慢,顾名思义,火主要在表面燃烧。地面火与此类似,但可能涉及可见地表以下的灌木丛燃烧。树冠火移动更快,可能从一个树梢猛蹿到另一个树梢。这三种情况都可能涉及浓烟、高温区域以及火势变得更大、更强烈的可能性。

另一种火灾越来越常见。混合火灾或交叉火灾是一种既涉及野外元素又涉及已开发元素(如建筑或车辆)的火灾。2015 年 7 月,美国南加利福尼亚州的一场由强风引发的丛林大火突然吹过 15 号州际公路,那里的汽车和卡车因浓烟而减速前行,20 辆汽车被损毁,许多受惊的司机被迫步行逃离。

由位于爱达荷州博伊西的美国国家消防中心协调的联邦资源,负责监督美国野外的消防工作。然而,混合火灾或交叉火灾也可能涉及当地、部落或州的响应人员和资源——这也使得协调和指挥系统面临更大的挑战。

野火对城市地区产生威胁绝不仅限于在美国。2016 年 5 月,加拿大麦克默里堡发生大火,当地居民称之为"野兽"。大火发生前,该镇全体人员撤离。艾伯塔社区超过 80 000 名居民被迫逃离,管辖区内 10% 的建筑被夷为平地(Ramsay, 2016:1)。野外火灾迫使大量定居在加拿大西部的居民紧急疏散,这在几十年前几乎是不可想象的。但现在城市应急管理人员必须认真考虑这一灾害。

如前所述,应急管理部门,特别是其事故指挥系统,应该感谢野外火灾部门。野外火灾虽然不是城市应急管理人员的传统专业领域,但他们必须构建这一灾害的相关知识。例如,美国西部和澳大利亚持续的干旱状况进一步增加了这类事故侵入非传统管辖区的可能性。

九、其他自然灾害

（一）干旱

干旱是指持续缺乏降水导致地下水短缺。21 世纪初，重大严重干旱影响了北美洲和非洲。由于很难确定起始点和结束点，干旱被认为是一种"隐秘"的灾害，但它仍然可以对既定地理区域产生严重影响。

饮用水供应设施紧张会给社会带来压力，从农业到消防等活动都将受到缺水的影响。地面下沉、火灾风险增加和沙尘暴发生等间接影响因素可能会影响交通和其他基础设施。

（二）雷暴

雷暴在很多大洲都是很常见的事件，尤其是在北美洲。这些事件是不均匀的大气压引起的降水形成因子导致的。它们通常包括闪电、大风和冰雹。

雷暴还常常是洪水和龙卷风等相关自然灾害的先兆。气象学家在预测这类天气事件的进程和严重性方面已经取得了很大进展，但它们仍然对居民、住房和基础设施构成威胁。

（三）火山活动

火山是通往地表下的熔岩或岩浆储层的一种结构喷口。随着时间的推移，它们会形成一个锥形的丘或山，向周围地带喷出熔岩、火山灰或过热气体。火山最常出现在地球构造板块的断层或分离处附近。

火山不需要紧邻城市地区就会造成伤害。2010 年，冰岛的埃夫亚菲亚德拉火山爆发，造成欧洲大部分城市中心的航空旅行严重中断。

（四）冬季暴风雪

北美洲和欧洲的许多城市地区也面临着大规模季节性冬季暴风雪暴发的可能性。密集的冰雪会阻塞交通，破坏包括电网在内的重要基础设施。

与冬季极端天气相关的主要因素是严寒、大风和冰冻降水。当强风和强降水限制能见度时,就会存在暴风雪。在这种情况下,旅行或应急响应会非常危险。

第四节 城市角度

自然环境确实带来了广泛而令人生畏的灾害。每个城市或城区都会受到某些因素的影响,而很大程度上不受其他因素的影响。应急管理人员有责任搜集尽可能多的有关其组织或管辖范围所面临的灾害和威胁的信息。

这一过程最好通过彻底、可靠的风险评估来完成,包括自然灾害、人为灾害和混合灾害。额外的社会经济风险因素也将对某一特定城市地区的总体危险状况产生重大影响(风险评估的过程在第五章“城市地区的风险评估”中有所论述)。

正如若干与灾害相关的讨论所提到的,准备和减缓措施有助于应急管理人员将特定危险对其所在社区的影响降到最低。在城市环境中,自然灾害的响应阶段往往非常混乱,在协调、时机掌握和后勤方面都极具挑战性。通过在应急管理的其他阶段采取有效行动,可以大大缩短和尽量减少恢复阶段。制订有效的应急行动计划显然是在此类事故发生之前。

2017 年 8 月和 9 月,席卷得克萨斯州的哈维飓风和席卷佛罗里达州的艾玛飓风接连造成的破坏提醒人们,在自然灾害面前主要人口中心仍然非常脆弱。强烈而缓慢前行的飓风哈维在一些地区倾泻了 50 英寸的降雨,导致近 200 万名平民被迫或自愿撤离。地势低洼的休斯敦和其郊区在不可避免的洪水中首当其冲地遇害。休斯敦是一个不断扩张的城市,其过时的供水管理系统在美国许多市政当局中很常见。除了数十万名流离失所的居民外,这场风暴还导致多家大型炼油厂停产,一家有机过氧化氢工厂发生爆炸并向洪水及洪水退去后留下的泥浆和淤泥中释放了一系列有毒化学物质。相比之下,快速移动的飓风艾玛造成的破坏更多地与风暴潮和风有关。然而,迈阿密在城市设计上也有许多与休斯敦相同的缺点。在这两个案例中,灾害对住房、交通和其他基础设施的长期影响才刚刚开始充分显现。这两个风暴的恢复过程将持续数年,两者所用金额加起来肯定会超过 12 年前的卡特里娜飓风。

没有两个城市是完全相同的,它们的危险状况也不会完全一成不变。一份 2015 年基于历史数据的联合国报告表明,全世界每天将近有一个与天气有关的自然灾害发生,这一数字几乎比过去 20 年翻了一番(Miles, 2015:2)。在这样一个气候和灾害特征不断变化的世界,应急管理人员将成为真正有效的公共安全社区的越来越重要的一部分。

第五节 小 结

现代历史上最大的灾难之一,2004 年的印度洋海啸证明了人类根本没有完全驯服自然。各种各样的灾害继续直接或间接地威胁着全球各地的居民区。这些灾害包括但不限于地震、洪水、飓风、流行病、风暴潮、龙卷风、海啸和野火。

只有在对某一地区的自然灾害进行详细而明确的评估之后,我们才能对此类事故进行有效的管理。了解灾害及其相关的风险因素,对在所有运作阶段制订有效的应急管理计划至关重要。

延伸阅读:

[1] Birkland, T. A. (2006). Lessons of disaster: Policy change after catastrophic events. Washington, D. C.: Georgetown University Press.

[2] Sylves, R. (2008). Disaster policy & politics: Emergency management and homeland security. Washington, D. C.: CQ Press.

第四章

人为灾害和混合灾害

4

第一节　引　言

　　1984 年 12 月 2 日,在印度博帕尔,联合碳化物公司农药厂的一个大型化工装置发生重大泄漏。这家工厂是美国公司和印度政府利益集团的合资企业,使用多种化学品生产农药西维因。在事故发生的那天晚上,水无意中进入一个大的储罐,在夜间和凌晨时分向周围人口密集的地区释放了大量异氰酸甲酯(MIC)。

　　事故的结果对应急管理人员来说是众所周知的,但事故的具体原因却不那么为人所知。重要的是,一些安全阀的故障或缺失以及该地区相对较高的温度,使得储罐内的化学反应更加剧烈。在接下来的几个小时里,周围的棚户区——其中很多居民是工厂员工和他们的家人,慢慢地、悄无声息地被大量农药所吞没。许多人在睡梦中死去,还有一些人试图在黑暗中步行或逃跑时倒地身亡。

　　印度中央邦当地的医疗系统和州政府都被伤亡人数和灾难规模压垮。它们向公众发布的信息不足,协调不力,而且拖延。官方公布的死亡人数很快达到 2 259 人,但更可靠的估计数字为 5 000～8 000 人,另外还有 50 万人吸入性受伤。成千上万的牲畜被毒素毒死,因担心水和土壤中残留污染物,该地区的农田已闲置多年。

在博帕尔发生的事件代表了人为灾害的一个特别鲜明而可怕的技术例子。许多预防或减缓灾害的机会都被浪费掉了,其结果是灾难性的。

第二节 分 析

没有其他物种像现代人那样去改变地球以满足自身的需求。大多数时候,事情都是按照我们期望的方式进行的。我们设计的工程基础设施是成功的,大规模的农业项目增加了农作物的产量,自然资源的重新配置进行得相当顺利。个人规划会对他人造成伤害的须三思,或者被执法部门禁止。

但有时事情不会按我们的意愿发展,当然这种情况很少。基础设施不合格、资源管理不善导致内乱、恐怖分子钻空子,其结果是发生人为灾害,而这些人为灾害是我们自己造成的。

风险因素

正如讨论自然灾害时指出的那样,一些公认的风险因素影响着任何一种人为灾害的严重性。同样,它们可能被视为放大镜或倍增器,夸大了某一灾害对较大规模人群的某些群体或部分群体产生的积极或消极影响。这样的社会、文化和经济特性被称为风险因素。

根据我们之前所说的博帕尔化学品泄漏的例子,事故发生地附近的居民大多是穷人和文盲,这放大了他们的风险因素,大大增加了死亡人数。居民区缺乏预警系统和车辆流动性也是导致最终结果的危险因素。正如在自然灾害的应急管理中所提到的,在人口密集的城市环境中,这些优势或劣势在本质上也与地理有关,通常会按照经济带划分社区。

公认的风险因素包括:

- 年龄;

- 性别;

- 种族;

- 宗教信仰;

- 健康状况;

- 安全措施;

- 准备状态;

- 文化程度;

- 经济状况;

- 信用等级;

- 储蓄状况;

- 保险。

第三节　人为灾害的类型

人为灾害可定义为以人类为潜在损失来源或原因的主要驱动因素。改造后的世界越来越复杂,它所生成的灾害因地理位置、类型和严重程度的不同而大相径庭。重要的或更频繁发生的有意事故或无意事故都值得进一步审视。

一、主动威胁

不幸的是,应急管理人员可能被要求协助处理主动威胁事故,特别是在美国。主动威胁是指持有武器的个人不受控制并对生命和财产构成直接威胁的情况。虽然这最终是一个安全和执法问题,但这类情况有可能受益于应急管理的 5 个阶段的工作。

与静态的人质-路障情况不同,主动威胁涉及一个或多个犯罪分子主动企图伤害或杀害受害者。枪支通常是犯罪分子的首选武器,尽管在以前的事件中他们也使用过刀片和钝器。虽然这可能与恐怖主义有关,但主动威胁也可能是精神失常、职场分歧或家庭暴力的结果。

在人为灾害方面,主动威胁或主动射击的情况得到了高水平的媒体报道,因此引起了高度的公众意识和敏感性。根据对最近事故的研究,大多数枪击事件的持续时间在 5 ~ 12 分钟。训练有素的安保人员或执法人员的到来标志着威胁的结束,大约一半的行凶者面对这些人员时会选择结束自己的生命。

当把他们的专业技能与执法和安保专业人士相结合时,应急管理人员变得尤为高效,特别是在准备和减缓阶段。通过培训其管辖范围内的平民或组织内的雇员,应急管理人员可以让这些组织更好地应对任何可能的主动威胁。美国国土安全部的格言"跑、躲、打"正变得和几十年前著名的射击指南"停、倒、滚"一样司空见惯。然而,准备和规划的重要性怎么强调都不过分。

如果预防阶段失败了,确实发生了袭击,预计事故现场是紧张且人员容易情绪化的。在主动威胁的响应和恢复阶段,应急管理人员的职责范围可能很广,从联络、殡葬服务到协调再入境证明。

二、内乱

随着居民在城市中心的集中,社会动荡的可能性也随之而来。内乱可以被看作从政治、社会或经济原因演变而来的破坏或骚乱。其表现可能包括交通中断、与安保或执法人员混战、故意破坏和抢劫。

它可能以最温和的形式,采取小规模和平游行的方式,提前获得许可和批准,并与当地执法部门协调行动。另一个极端情况是,它可能涉及自发的、暴力的、大规模的示威游行。

请注意,并非所有的内乱都始于一种政治抗议。一些最具破坏性的骚乱开始于体育迷涌上街头庆祝一支球队的重大胜利或哀悼它的失败。群体的心理动力通常是酒精,它在这些人群保持冷静或"停止错误行为"以及造成伤害和财产损失中发挥了巨大作用。经验丰富的执法专业人士发誓,他们可以预先判断出人群将会做出哪些行为。

每个部门的应急管理人员参与并了解此类事件的规划是绝对重要的。真正自发的内乱极其罕见。更常见的是此类事故发生在一个有计划的示威游行中或者联赛冠军比赛结束后。因此,对自己管辖范围或责任范围内的计划事件有所了解是至关重要的。对一个准备充分的城市应急管理人员来说,态势感知以及与其他公共安全专业人员的协调是最佳行动方案。

三、网络安全

在一个相互联系、日益紧密的世界里,网络安全正成为任一司法机构或组织成功(或失败)的关键因素。写得糟糕或过时的计算机代码会引起广泛的问题,但这里的灾害分析将集中在通过计算机操作系统进行的故意盗窃、伤害或破坏行为。

盗窃确实是所谓的恶意计算机黑客最常见的目的,其有时被称为网络犯罪。这种罪行经常以既定的政府或公司为目标,并由发展中国家或金融竞争对手实施犯罪。在 2012 年的一次安全会议上,美国中央情报局(CIA)和国家安全局(NSA)前局长迈克尔·海登(Michael Hayden)称这种电子间谍活动是"人类历史上最大的知识产权盗窃"。

但是数据泄露并不总是目的所在。2015 年 12 月在乌克兰发生的一次断电事件,是首次广泛公认的源自网络世界的攻击对实体世界民用基础设施造成的破坏事故(之前的一些事故被证明是虚假的,或者被追溯为意外故障)。在 2015 年的行动中,源自俄罗斯的恶意代码被有意输入了操控部分电网的监控和数据采集（SCADA）系统。恶意软件的性质所引发的电力中断抵御了传统的"重置"机制（参见第九章"预防阶段"的简要案例研究）。

后一种情况——对重要基础设施的直接攻击——对应急管理人员来说是一种较小但更直接的威胁。无论是由国家行为体、恶意黑客还是网络恐怖分子发起此类攻击，都可能对应急管理人员指挥和控制的关键系统产生实质性影响。

电网就是一个很好的例子。根据《华盛顿邮报》的一项评估，仅在美国就有7 700座发电厂、55 800座变电站和70万英里长的主高压输电线路（Mooney，2016）。美国联邦政府已经承认，快速发展的系统越来越多地受到外部网络攻击，而不是越来越少。普尔普拉（Purpura）指出，不仅电网容易受到攻击，金融机构、空中交通控制系统、水管理系统和其他关键技术也容易受到攻击（Purpura，2007：61）。

此外，所谓的云存储（通常外包给出价最低的服务器存储空间供应商）以及用于通信和手持设备的复杂加密应用程序的扩展也带来了进一步的挑战。如此快速发展的技术说到底是把双刃剑。事实证明，如果掌握在好人手中，它会非常有用；如果掌握在坏人手中，它会非常不稳定并具有威胁性。

应急管理人员应该始终遵循既定的电子安全协议，而且必须与他们的技术服务团队紧密合作，确保他们的关键设备和应用程序达到最新标准。恶意行为者最常采用的手段是利用过时的或"未打补丁"的系统或应用程序，2017年发生的几起广为人知、引人注目的"勒索软件"攻击就是明证。

冗余和备份系统应该是当今的主流，因为在具有挑战性的严峻环境下进行操作的技术能力——比如暂时无法访问蜂窝服务或互联网——应该始终被认为是可能的。与此同时，应急管理人员不能害怕在新技术上冒险，因为新技术可能会让他们的生活更轻松，尤其是在灾难期间。只要想想可靠的蜂窝服务、卫星通信/定位和多普勒雷达系统等技术所带来的革命性飞跃就知道了。

网络安全事故的响应和恢复阶段可能需要高效的应急管理人员展示信息

技术、基础设施意识和通信方面的技能。

四、有害物质泄漏

有害物质是指如果泄漏或与其他元素混合,可能对健康、基础设施和环境构成风险的物质。如果采取适当的预防措施,这些化学或生物物质是完全安全的。然而,当密封装置失效,材料与火焰、空气、电力、水或其他物质接触时,反应可能是即刻发生的,有时是剧烈的。应急管理人员通常将这些物质称为危险品。在现代城市环境中,这类材料最常见的应用包括制冷、运输、医药、研究、清洁和杀菌,以及工业用途(表4.1)。

表4.1　可能发生化学事故的指标

动物(如鸟、鱼)死亡	不仅仅有偶尔被车轧死的动物,同一地区还有许多陆生动物(野生的或家养的,包括鸟类)和鱼死亡
昆虫稀少	如果昆虫活动不足,检查地面/水面/海岸线,寻找死昆虫。如果靠近水,检查死亡的鱼或水鸟
原因不明的气味	气味可能从水果味/鲜花味、强烈气味/刺鼻气味到新鲜干草味、大蒜味或杏仁类味。重要的是要注意气味是否与周围的环境不一致
大量受害者/大量伤亡	健康问题可能包括恶心、眩晕、呼吸困难、抽搐、皮肤/眼睛变红,或者死亡
伤亡模式	伤亡者可能聚集在一起,在顺风处或通风口附近
水疱/皮疹	普遍症状为可见的水疱、伤痕红肿或皮疹
局部地区疾病	室内和室外受害者的伤亡率和严重程度不同
不寻常的液滴	许多表面,可能包括死水表面,显示出油滴和/或薄膜
不同的植被	不仅仅有一片枯死的杂草,还有已经枯死、变色或枯萎的树木、灌木、灌木丛、庄稼或草坪
低垂的云/雾	与周围天气不一致的低垂云/雾之类的情况
不寻常的金属碎片	不明来源的炸弹或类似弹药的物质,特别是当液体存在时

来源:《应急响应指南》

以前在印度博帕尔生产的甲萘酰农药就是一个很好的例子。在适当加压和密封的容器中,这种物质相对无害。但当其暴露在水中并向外排出时,气体的副作用不再受到控制,而且具有很强的毒性。

仅在美国,就有 450 多万个设施储存或使用工业特性的危险材料(Haddow,Bullock & Coppola,2008:53),从当地园艺商店的几袋氮肥,到附近金属加工厂产生的数千桶剧毒废物,这些都有可能是危险材料。或者,正如埃里克森(Erickson)指出的那样,在发达国家日常商业中使用的大约 6 万种化学物质,在错误操作的情况下每一种化学物质都可能对人类产生危害(Erickson,2006:105)。因此,大多数国家及其管辖区都有严格的指导原则,要求在有危险物质存在的建筑物或运输车辆上有明显的标识或标牌。许多城市消防部门设有经过专门训练和配备的危险品单位,以应对此类设施发生的事故或涉及未知物质的事故(图4.1)。

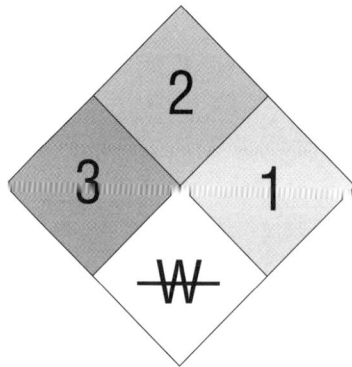

图4.1　通用有害材料菱形标识标明材料的健康危害、

燃烧性、不稳定性和特殊位置的特殊性质

一些重要的术语和措施解释了某一材料的危险性。相对毒性指的是在大多数被暴露的物质中,造成死亡所需的物质在数量上的差异。有些化学物质只要极少量——仅仅几毫克——就极有可能导致死亡。这些物质通常被认为有剧毒。

进入途径或接触方式对于受害者对危险物质的反应也会产生重大影响。主要的方式为:

- 通过鼻子或嘴巴吸入或吸进;

- 通过消化道摄入,进食或饮水导致接触;

- 通过皮肤、眼睛或其他细胞膜吸收和进入;

- 通过穿透性损伤或皮下注射接触。

由于有害物质无处不在,它对城市应急管理人员来说是一种特有的风险。利用敏感的探测设备和个人防护设备(PPE),专业消防人员或公共卫生人员可能是有害物质事件的主要响应者。但是,应急管理人员必须努力对他们,特别是工业或交通部门的雇员进行规划和教育。对公众进行就地避难和疏散流程的教育,对最高限度地减少危险品泄漏过程中的伤亡也至关重要。物流能力以及有害物质或基本化学方面的知识都是至关重要的。然而,接触危险物质后的症状和严重程度的差别很大,因此对正在发生的事件的有效识别和反应将继续对结果起着关键性作用。

五、基础设施故障

现有基础设施故障一直是现代社会关注的问题。这一广义的范畴指的是建筑环境造成的技术风险,可能包括桥梁或大坝倒塌、建筑事故、天然气爆炸和大面积停电等。总的来说,它们代表了实际在每个城市管辖区发生重大人员伤亡的最大可能性。

重要基础设施是一个相互依赖的节点和网络系统,作为一个整体支撑着经济和社会多个部门的职能。通常被提及的要素有电网、天然气线路和电话网络。较少为人所知的要素包括蜂窝网络、运输系统和金融机构。在现代相互关联的世界中,一个子系统的故障或退化可能波及整个更大的网络,从而影响其他子系统。

2007年8月,美国明尼苏达州35号州际大桥事故是一个典型的基础设施事故。这座横跨密西西比河的大桥建于20世纪60年代中期,当时正在进行大规模重建,大桥突然间坍塌,造成 13 人死亡,数十人受伤。大桥正在重新铺设和翻新,垮塌时现场有超过 50 万磅(1 磅 ≈0.453 6 千克)的沙子和建筑设备。工程师们此前提到对大桥结构完整性的担忧,其中一些问题本应在修缮工程进行中得到解决。加固板是结构承受重量和侧向力的关键部件,其尺寸过小被认为是主要的破坏点。

这种灾难性工程故障的级联效应并不总是立即显现。通信和光纤电缆经常铺设在桥下,天然气和石油管道也是如此。35 号州际大桥的坍塌还使密西西比河上游彻底堵塞了几天,该河流是北美最繁忙的散货船航道之一。重要基础设施的这种相互联系,放大了城市环境中任何此类故障的影响。在发生重大事故后,应急管理人员在基础设施、工程尤其是公共工程以及搜救方面的技能可能会发挥作用。

从应急管理的角度来看,知识才是真正的力量。公共部门的管理人员必须知道重要基础设施在他们管辖范围内的位置,以及它如何与其他节点和子系统互相联系。同样,私营部门和非营利部门的管理者必须知道哪些外部系统对组织的运作至关重要,哪些内部子系统也同样重要。毫无疑问,这需要预先考虑,并与其他重要利益相关者沟通,包括组织或机构的内部专家、公用事业、关键供应商以及驻美国的情报融合中心。

这些资料的搜集需要大量的努力和协调。然而,在重要基础设施组件处于风险之后才认识到风险的错误是完全可以避免的。有了知识就有了制订冗余、咨询主题专家以及确定有效的预防和减缓战略的能力。

六、核事故

尽管这类事故可以被视为更大基础设施或技术故障类别的一个子集,但辐射泄漏带来的挑战是如此独特,还是需要单独分析。

也许没有什么比放射事件更让公众害怕的了。必须说明的是,总的来说,核裂变在更大的公共事业领域中是一个非常安全且监管严格的领域。不过,从美国的三里岛,到苏联的切尔诺贝利,再到日本的福岛,核能确实有能力映射出人类最大的恐惧。

1986 年 4 月的切尔诺贝利灾难是这种人为灾害的一个明显的例子。切尔诺贝利核电站位于如今的乌克兰普里皮亚季附近,功率剧增导致其中一个主要核反应堆发生蒸汽爆炸和严重火灾。一部分核芯暴露,一场失控的核反应——通常被称为"熔毁"开始了。31 人当场死亡,包括核电站工人和应急人员;数千例癌症,其中许多癌症是致命的,都与随后发生的大规模辐射泄漏有关。一团高放射性粒子云飘过苏联以及东欧和北欧部分地区。

核能的危险就在于此。辐射本身在本质上是一种无色、无味的波和粒子在空气中传播。如果没有足够的控制和预警系统,数千英里之外的平民可能会不知不觉暴露在危险之中。

此外,应急管理人员将依靠主题专家为其规划和行动提供信息。在拥有反应堆的管辖区或设施中,无论是大型能源生产模型还是许多西方学术机构中规模较小的研究和医疗单位,人员对形势的预知尤其重要。辐射协议必须再次集中在疏散和就地避难规划上,让专业的响应人员有时间和空间恢复控制并减缓威胁。美国核管理委员会(NRC)和覆盖欧洲大部分地区的西欧核管理协会提供了重要指导。

七、建筑火灾

根据美国消防管理局(USFA)的数据,美国每年有超过 150 万起火灾报告给应急机构。在户外发生的火灾和发生在建筑物或封闭空间里的火灾,这两者的数据几乎是均等的。前者通常被认为是自然灾害,而后者是人为灾害。

这并不是说闪电有时不会引起房屋火灾,或者说森林火灾从来不是人为失误造成的。相反,它承认扑灭野外火灾和建筑火灾之间的系统性差异。因此,这种差异不仅基于因果关系,而且基于多阶段应急管理策略。

建筑火灾可能是城市应急管理人员面临的最常见的事故类型。城市产生了高密度的建筑和人口,也招致了各种各样的火源。需注意的是,火灾也可以是级联或次生灾害类型,主要由地震、恶劣天气和恐怖主义等原因造成。

所有城市都有专业的消防部门,但这些应急人员的培训和质量参差不齐。许多城市设施,特别是高层建筑,都有居民或租户被指派担任消防管理员或安全管理员。在公司或其他集中的组织内部尤其如此,他们为众多集中的员工或合伙人制订了安全计划。任何高效的危机管理者都有责任与代表其执行预防和响应工作的人员密切合作。

在响应阶段,应急管理人员不会佩戴全套防护设备和氧气筒冲进燃烧的大楼。然而,他或她必须处理关于火灾后果的关键问题以及所有的外围影响。搜救工作何时完成? 居民或商家是否流离失所? 是否需要殡葬服务? 附近的基础设施被破坏了吗? 一旦该地区被事故指挥官认定为安全的,如何再次获准进入?

作为一名专业的城市应急管理人员,你会遇到大型复杂建筑火灾。这些事故的结果将在很大程度上取决于对民间和专业响应人员进行培训的质量。一名高效的应急管理人员可以通过与各个部门的多方合作,在火灾发生前为预防和减缓工作提供信息和指导,并在响应和恢复阶段展示物流、基础设施和通信方面的优秀技能,从而产生积极而有意义的影响。

八、恐怖主义

近年来,没有任何其他威胁或灾害像恐怖主义那样引起公众的注意。在新千年里,大规模的恐怖袭击已经跨越了多个大洲,同时也发生了多起小规模的袭击事件,尤其是在欧洲和中东的一些城市。

恐怖主义有一系列定义,但都包括基于政治或意识形态目标的暴力或一个群体对另一个群体的暴力威胁。

这不是一个新现象,也不会在可预见的未来消失。应急管理人员是城市地区防御一线的一部分。

现代恐怖主义组织无视公认的国界,不断分裂或结成新的联盟。恐怖主义的传统分类有国内和国际的(反映一个特定恐怖组织目标的范围或规模),或者国家和非国家的(反映一个特定恐怖组织的主要赞助者或资助者)。现代极端主义组织可能不太容易与这种明确界定的"框框"相吻合。这些群体所采用的战术或方法虽然也在不断演变,但始终包含:

- 暗杀或有目标的杀戮;
- 炸弹、燃烧弹或爆炸装置;
- 化学、生物或辐射释放物;
- 网络攻击;
- 劫持;
- 绑架或劫持人质;
- 蓄意破坏;
- 小单位或群体攻击;
- 作为武器的交通工具。

每一种袭击类型或战术都成了对应急管理及本土安全专业人员的一系列独特的挑战(这些将在第八章"城市地区的应急管理与国土安全"中进一步讨论)。从本质上说,响应人员首先应该假定事故与恐怖分子有关,直到证明事实并非如此。

(一)美国联邦指导

应对恐怖主义涉及一系列广泛的活动,包括计划、培训和准备。在美国,自"9·11"恐怖袭击以来,指导这些"大局性"职责的主要文件之一是《国家响应框架》(NRF)。《国家响应框架》起始于 2008 年,它本身是之前数份文件的演变,最近的一份文件是 2004 年的《国家响应计划》(NRP)。《国家准备系统》(NPS)于 2011 年年底推出,此后经过多次修订,前后表述的观点是一致的,它建立在总体规划和预防模型的基础之上。

每一份指南都是对美国全国范围内的应急响应核心原则的细化,并对地方、州和联邦响应人员之间的互动交流提出了期望。所有指南都涉及一个高级别目标周期——预防、准备、响应和恢复——这是美国联邦应急服务指导方针中反复出现的主题。它们在规划周期、目标、战略和战术中均有提及。

《国家响应框架》还制定了《国土安全国家战略》。美国国土安全部在这一职能中的作用包括 4 个关键要素:

①防止和破坏恐怖袭击;

②保护美国人民和重要基础设施、关键资源(CIKRs);

③对已经发生的事故做出响应并予以恢复;

④继续巩固基础,确保长期成功。

《国家响应框架》明确提出,美国国土安全部必须将这四个战略作为其总体任务的核心(NRF,2008:12)。第一个目标或战略主要落在美国军方以及联邦政府内部的执法和情报机构,包括中央情报局(CIA)、国家安全局(NSA)和联邦调查局(FBI)。

第二个目标与第一个目标紧密相连,因为它侧重于预防和减缓针对美国公民或利益的恐怖主义行为。该策略的关键部分将落在州和地方政府身上,它们需要界定和确认本管辖区内的重要基础设施和关键资源。因此,应急管理人员将成为所有恐怖事件之前的一个关键要素,而且有助于推动回弹工作,从而促进有效恢复。

正如本书所提到的,《国家响应框架》写道,"主要集中在第三个目标:对已发生的事故做出响应并予以恢复……尽量做出最好的响应是我们共同的责任。"这是战略的一部分,即承认即将发生的事故需要地方和州政府响应人员——私营部门内部的合作伙伴——在响应和恢复阶段做出有组织、有效的贡献。应急管理人员将再次成为这些响应和恢复工作中固有的一部分。

第四个也是最后一个目标也许比前三个更深奥、更理性:需不断完善原则和制度体系以应对国土安全的潜在威胁,包括(但不限于)文化、技术和管理上的变化。

同样值得一提的是美国"城市地区安全倡议"（UASI）。它是一项由美国联邦资助的计划，推动州和地方实体在与国土安全有关的应急管理各个阶段发挥更大作用（Sylves，2008：183）。正如首字母缩写所暗示的，"城市地区安全倡议"在美国所有主要城市中心都很活跃，尽管存在持续的资金压力，需要减少其广度和范围。该计划为设备和服务项目提供资金，范围从敏感区域周围的安全护柱和屏障到专门响应单位的培训课程和设备。

（二）应急管理最佳范例

应急管理和国土安全之间的界限可能是模糊或不明确的（更广泛的分析见第八章"城市地区的应急管理与国土安全"）。在对现场发生的事件做出反应时，所有公共安全人员都应始终假定该事件与恐怖主义有关，直到最后证明并非如此。

如果怀疑与恐怖主义存在联系，应急管理人员和其他现场急救人员应启动一系列重要任务或行动：

- 评估情况，确定伤亡数量/类型和身份；
- 警惕辅助设备或其他可疑设备；
- 确定"热点区域"或处于威胁中的地区；
- 设立一个或多个边界；
- 建立前方指挥所（FCP）或应急行动中心（EOC）；
- 确定资源的分类和分期；
- 请求额外的人员和资源支持。

资深响应人员曾经告诉作者，事故发生后即刻收到的信息有50%是完全或大部分不真实的。这个比例可能有点高。由于恐怖主义等重大事件发生后的几分钟内经常出现"战争迷雾"，谣言和虚假线索比比皆是。在枪击事件中，目击者通常会高估涉及的枪击嫌犯数量。2001年9月11日上午，多个机构和媒体报道了不同的袭击地点——比如美国国务院总部——这些都被证明是完全不真实的。

无论是在现场还是在应急行动中心,熟练的应急管理人员的作用是过滤和解读大量的报告,以了解现场的真实情况。在当前环境下,应急管理人员将是反恐怖主义规划和响应各个阶段的关键参与者。

九、交通事故

最后,我们必须考虑相互联系的世界存在交通中断的可能性。在一个复杂、快速变化的世界里,我们每天都必须面对许多潜在的交通问题。

总的来说,现代交通系统惊人的高效和安全。事件上升到应急管理人员的级别是极其罕见的。然而事实仍然会发生,火车有时会脱轨,公共汽车和飞机有时会在装载有几十名甚至几百名乘客的情况下坠毁。正如伯克兰(Birkland)指出的,这种罕见和震惊的后果可以使它们成为一个组织或管辖区所定义的历史事件(Birkland,2006:62)。

当这类事件真的发生时,很少或根本没有警告,事件处在广大媒体的监督之下,并有人们选出的最高官员或企业高管的全力关注。[到目前为止,作者应对的最大事故是美国国家铁路客运公司(Amtrak)的火车脱轨事故,事故造成大约 180 人伤亡——多亏了芝加哥消防部门和当地优秀的医院,所有人都活了下来。]

同样值得注意的是,交通灾难通常也会引发其他类型的灾难,影响其他基础设施(如一辆公共汽车撞上了一座电塔),或者产生级联效应威胁(如燃料泄漏变成了一种危险物质的释放)。这类事件在第一次发生时往往是复杂和不受控制的。

此外,预先计划也是一个关键因素。一个有效的应急管理人员应该知道他或她所在地区的主要交通方式和路线。对交通系统有一个基本的了解是非常有用的。比如当地机场每天有多少航班或者城市标准客车的座位容量。

企业或非营利组织的危机管理者必须了解公共部门的同行，反之亦然。在交通事故等快速变化的紧急情况下，高效的管理人员不应该翻阅智能手机上的联系人信息或桌上的名片簿。在这种情况下，了解同行是非常必要的（这一点将在第七章"城市环境中的合作"中进一步阐述）。

最后，应急管理人员可以作为运输公司／供应商与其他利益相关者（如地方和联邦调查人员、家属和媒体）之间的重要联络人。在发生大规模交通事故后，强烈建议立即建立联合信息中心（JIC）、私人家庭聚集点和应急行动中心。

第四节　混合灾害

对于面临的威胁和危险，应急管理人员不能拘泥于僵化的思维方式。混合灾害这个概念是一个值得进一步研究的新趋势，这种灾害是在自然和人为因素结合之下发生的。

随着世界——以及我们对它的理解——变得更加复杂和相互关联，混合灾害的概念可能会进一步为人所接受。经过数千年的进化，地球改变了人类物种。我们适应了各种各样的天气条件，从酷热的热带地区到寒冷的北极。我们适应了特定地区的饮食。我们从一个大陆迁移到另一个大陆，寻找新的、肥沃的生活空间。

在进化的过程中，我们反过来开始改变这个星球。我们种植可食用或有用的作物来改造我们的周边环境。我们驯养动物，建造机器、城市和道路。我们开始用石油化工产品来驱动这些机器。这一切反过来开始改变我们的环境。

现在自然世界和改造后的世界已经变得如此交织，几乎不可能把单个灾难放在一个特定的因果关系"桶"内。洪水是自然发生的，还是因为河流系统有许多堤坝以及河岸上的居民区而造成了更大的影响？这次地震是一次特别严重的地震，还是断层线附近低劣的建筑质量和建筑规范造成死亡？由此产生的争

论可能会导致一些不愉快的答案,但必须把这样的问题提出来。(图 4.2)

图 4.2　复杂的事故可能需要大量的或专门的个人防护装备,

如设备齐全的危险品应急响应套装

一、福岛的连锁危机

有些灾害是自然现象和人为现象的真实且毋庸置疑的结合。也许现代最引人注目的混合灾害发生在 2011 年 3 月的日本。这是一个如此复杂和微妙的场景,任何一个小说编辑都会拒绝这一情节,因为它太过夸张和不现实,似乎不可能真正发生。

2011 年 3 月 11 日下午 3 点之前,在日本东海岸附近,两个构造板块剧烈移动,引发了一场近海大地震。这是一种海底大型逆冲断层地震,与 2004 年引发灾难性印度洋海啸的扰动类似。这次地震按修正的里氏震级测量为 9.0 级,是日本现代史上遭遇的最强地震。

幸运的是,这次地震的震中离海岸很远,只对日本大陆造成轻微到中等程度的破坏,部分原因是日本相当严格的建筑规范。不幸的是,这次地震只是 3 个相互关联的灾难中的第一个。与几年前在印度洋发生的事件类似,海底移动产生了巨大的海啸。

随着一系列巨大的波峰从海底裂缝向外冲来,日本的早期预警系统和上空的卫星提醒当局注意海浪可能高达 40 米。许多日本平民听从了警告,向地势较高的地方走去。他们都希望广大的海堤能阻挡住太平洋,然而事实上并没有。

直接影响从严重到灾难性,这取决于离岸地形和附近海堤的高度。日本东海岸的整个城镇和村庄被海水吞没,导致近 16 000 人当场死亡,约 25 万名平民无家可归。超过 45 000 座建筑被完全摧毁,留下 2 500 万吨残骸。

当第三幕开始展开时,痛苦还没有结束。

福岛第一核电站位于海浪的直接路径上,海浪至少有一波超过了附近的海堤 3 米以上。洪水淹没了核设施的底层,破坏了关键系统,包括给冷却剂泵提供电力的备用发电机。当应急电池开始失效时,冷却剂停止在受损的反应堆中循环。冷却剂的缺乏导致 1 号、2 号和 3 号反应堆在数小时内发生部分熔毁。

核物质被释放到空气和水中,导致大面积污染,附近数千名居民被迫进一步疏散。最初的控制措施失败了,冷却那些部分暴露的核堆芯的唯一方法是用水浇灭。三重灾难发生 5 年多过后,渗出的辐射持续泄漏到太平洋,并被洋流带到四面八方。

二、经验教训

最近发生的其他灾害——或者更准确地说,一系列灾害——都不能更好地说明混合因果关系的概念。任何理性的规划者都无法预见到随一场大地震而来的是海啸,海啸又反过来盖过了海堤,淹没了重要设备,最终(具有讽刺意味的是)缺乏液体冷却剂导致部分熔毁。然而,这一连串的事件恰恰发生了。一场真正的混合灾害在国际媒体面前展开。

并且,它不会是最后一次。正是这个全球化的、相互联系的世界为这种灾害的发生提供了机会,也为随之而来的大量国际救济、援助和专业知识提供了机会。应急管理人员必须从大局出发,考虑到会导致结果放大的一连串事件。

我们必须设想到,地震引发海啸,进而引发核灾难。(正如我们必须设想到,恐怖主义激发了多起飞机劫持事件,并导致世界上最大的两座建筑被摧毁。)至关重要的是,应急管理专业人员对混合因果关系的全部范畴要有概念。这一考虑必须包含一系列潜在的影响和结果,而不总是关注最坏的情况。

归根结底,这种混合灾害将会持续下去。这个自然和人为因素混合的星球正在经历前所未有的气候变化。海洋将很快升高,热带风暴和其他近海事件将导致更多的连锁反应。干旱将发生在我们有生之年没有发生过的地方。我们的技术继续以新的、有时不可预测的方式与自然世界互动。应急管理人员必须为尽可能多的情况做好准备——甚至是那些看起来难以置信的情况。

第五节　城市角度

人为灾害和混合灾害的确多种多样且极具威胁性。每个城市或市区都会受到某些灾害的影响,但在很大程度上不会受到其他灾害的影响。如前所述,应急管理人员有责任尽可能地搜集有关其各自组织或管辖区内所面临的危害和威胁方面的信息。这个过程最好是通过彻底、可靠的风险评估来完成,包括评估自然灾害、人为灾害和混合灾害。

对于希望将特定危险对其所在社区的影响最小化的应急管理人员来说,预防、准备和减缓措施是很有帮助的。制订有效的应急行动计划显然是在此类事件发生之前。

一个特定城市的技术灾害和人为灾害状况会随着时间而改变。特别是在城市环境中,一个与外界同行保持联系、积极主动的应急管理人员将成为一个在真正有效的公共安全社区中日益重要的一部分。

第六节　小　结

我们研究了许多人为灾害和混合灾害,包括博帕尔的化学物质释放和福岛的地震、海啸、核泄漏——这些地方将永远与这些事件有关。我们回顾了各种各样的危害情况和类型,包括网络安全、有害物质泄漏、基础设施故障(包括核事故和交通事故)、建筑火灾和恐怖主义等。

面对如此广泛的危害,应急管理人员必须在发生危害之前进行详细和直接的危害和隐患评估。了解复杂的或多方面的危害,将对在日益复杂的环境下制订有效的应急管理计划越来越重要。

延伸阅读:

[1] Hayden, M. (2012). Remarks to Aspen Security Conference. Aspen, CO.

[2] Department of Homeland Security. (2008). National response framework. Washington, D. C.

[3] Department of Transportation. (2016). 2016 Emergency response guidebook. Washington, D. C.

第五章

城市地区的风险评估

5

第一节　引　言

2001 年 9 月 11 日早晨,美国东海岸阳光明媚。上午 8 点刚过,美国航空公司、联合航空公司以及美国联邦航空管理局(FAA)的官员对客机被劫持的最初报道大吃一惊。一开始的报道令人疑惑,包括飞机上自称是机组人员的人打来的电话。航空公司的经理们一开始并不相信——毕竟美国国内航班被劫持的事件已经几十年没有发生过了。

与此同时,空中交通管制员无法通过无线电联系到飞机,他们在雷达屏幕上看到多架客机开始偏离指定的飞行路线。他们也不知道该怎样想:是通信故障吗? 飞机是由于机械故障返航吗?

然后,上午 8 点 46 分,美国航空公司 11 号航班撞上了世贸中心的北塔。

航空公司和美国联邦航空管理局很快意识到它们正在面对一种新的威胁,这在美国是前所未见的。民用飞机被用作导弹来攻击在美国本土的目标。尽管当天上午混乱不堪,但这两个单位在不停地分享信息和数据,以找出哪些飞机参与了袭击,哪些没有。

美国国家恐怖袭击委员会(美国人通常称其为"9·11"委员会)主席托马斯·基恩(Thomas Kean)稍后评估了该组织的基准报告中经常分析的情况。"我们措手不及。这一威胁在相当长一段时间内积聚,我们没有掌握其严重性。正如我们在报告中详述的那样,这是政策、管理、能力的失败,最重要的是想象力的失败。"

基恩(Kean)先生最终的意思是,这些袭击是未能认识到一系列新出现的风险的结果;未能意识到基地组织的行动能力,未能识别劫机是一个持续的威胁,未去想象可以以这种方式使用客机。风险评估是一项复杂而具有挑战性的任务,需要想象无法想象的事情,这也是有效应急管理的根本基础。

第二节　分　析

风险可能是一个不断变化的目标。很少有人想到以大型民用飞机作为制导武器能够造成巨大的破坏和生命损失。而事后看来,发生这种情况的风险显然是存在的。

这里我们有必要回顾几个关键术语的定义。危害可以定义为潜在伤害或损伤的来源或原因。威胁是潜在伤害或损伤的确定来源,通常暗指人为的或故意的。风险是伤害或损伤发生的可能性。隐患是一种疏忽或弱点,它可以是危害或威胁造成实际伤害或损伤的方法或途径。

因此,风险是关于概率、百分比、可能性的问题。风险还包括人员和财产的风险敞口,并最终包括该风险敞口的结果、影响或成本(Haddow,Bullock & Coppola,2008:68)。评估此类风险是应急管理的基础。

研究方法

关于如何最好地评估既定群体、管辖区或组织的风险,存在多种思路。每种方法都有自己的优缺点。在这种情况下,本文将审查 4 种此类方法,每种方法都有可能对应急管理人员建立行动基准十分管用。这类评估将成为所有整体应急规划工作的基础,尤其是在复杂的城市环境中。

(一)综合暴露指标法

当试图衡量既定行动的风险水平时,数据是绝对重要的。综合暴露指标(CEI)法认识到数据的重要性,并将其作为更大整体的核心功能。

综合暴露指标法根据若干变量来评估既定危害带来的风险,然后根据选定的危害确定等级。该方法在本质上是使用平均值和标准偏差来预测在既定位置发生既定危险的可能性。美国联邦应急管理局的数据库用来提供基本信息。因此,该方法在本质上是并排比较的,可以很容易地以图表形式直观引用。

综合暴露指标法使用的 14 个可识别变量是:

- 医院;
- 人口;
- 核工厂;
- 有毒物质释放清单;
- 公共供水;
- 超级基金污染场址;
- 污水处理场所;
- 公用事业管线;
- 机场;
- 公路;
- 铁路;

- 管线；

- 水坝；

- 桥梁。

这些变量最终以每平方英里的密度来表示，从而提供了美国 3 140 个县的标准化比较（包括少数几个独特的案例，如独立城市和教区）。标准格式还提供了每个县每个变量的最小和最大数值。

使用这些数据时，几组强相关开始出现。医院数量与人口数量高度相关，公共供水系统数量与污水处理场所数量也高度相关。根据联邦风险的分析，其结果表明，首要的和最大的主要成分是交通运输变量（公路和铁路）和与水相关的变量（公共供水、污水处理场所、水坝和桥梁）。

较大的综合暴露指标值意味着更多的人、关键设施和生命线暴露在各种自然和技术危害的潜在损害中。换言之，紧急情况往往毫无疑问地发生在关键交通和基础设施走廊沿线。进一步简化，就是说城市地区有更多的基础设施和人口，因此风险更大。

这一"全局"工具是应急管理人员对其组织或管辖区进行更详细的风险评估的绝佳场所。但它的用处不止于此。只需更改变量，即可在其他地方或以不同规模使用国家级数据库和评估模型。

正如我们将进一步讨论的那样，综合暴露指标法（Haddow et al, 2008：68—69）和所有风险评估通常有几个关键步骤，包括识别和评估危害、估计风险和成本，以及确定行动方案。

例如，如果美国俄勒冈州某个城镇的应急管理人员想要评估地震风险，可以从将地震活动作为变量代入模型着手。显然，其管辖区比没有地震活动历史的地区具有更高的风险。然而通过利用其他来源（如美国地质勘探局的全国性评估以及其他国家的同类评估）的对比数据，应急管理人员可以在这些来源的基础上建立一个非常稳健的数据库表，包括最小值和最大值，以及均值和标准差。稍作更深层次的探讨就会使数据开始出现相关性。

实际上,美国使用的全国范围的综合暴露指标工具几乎可以外推到任何地区使用。只要将可比较的数据输入给定的模型中,它就会提供有关总体风险的有用信息。从应急管理的角度来看,综合暴露指标法是一个很好的起点。

(二)卡弗法

另一种完善的风险评估方法是卡弗法。核心的综合暴露指标法依赖于美国联邦应急管理局提供的数据建模,卡弗(CARVER)法则建立在美国军事设施安全物理威胁评估之上。

CARVER 的首字母缩略词表示危害性(criticality)、可接近性(accessibility)、恢复能力(recuperability)、脆弱性(vulneralbility)、后果(effect)和可辨认性(recognizability)。卡弗法最初用于对既定位置的攻击性和防御性进行评估。然而在其启动的最初几年里,它被包括美国国务院和许多私营安全公司及顾问在内的更广范围的专家采用。该方法也很容易转换为应急管理。

在实践中,卡弗法在本质上产生了与既定资产或设施相关的矩阵。设施的每个组成部分都有一个数值,通常从1(低)到5(高)不等。这种简易性使得美国特种部队在越战期间能够在相对稀疏的环境中快速使用该方法。

我们可以想象一名突击队员满脸涂着迷彩在灌木丛中锁定一个潜在目标,在计划攻击时,在一张纸上记下其弱点和其他特征。我们还可以想象为了应对同样类型的风险,对防御阵地进行全面评估。

虽然应急管理人员每天面临的是军事化程度较低的环境,但这一原则同样适用。尽管综合暴露指标法趋于广泛且被用来检查大范围的地理区域和一般性危害,但卡弗矩阵会集中到非常详细的设施级别,着眼于与特定子组件相关的特定威胁。

有效的卡弗法分析的关键是理解个体部门是如何协同工作和相互关联的。对医院设施进行模拟卡弗评估就是一个很好的例子。

为了有效地组装操作矩阵,必须检查许多关键部门和系统。电力和供水是显而易见的起点,同时还须考虑通风系统和后勤补给系统。医院员工和患者能否使用这些设施将是关键。发电机和备用电池等应急系统也值得考虑。

卡弗法的灵活性正是在此处发挥了作用。这里的示例矩阵相对简单,并在一般危险情况下对关键系统进行高级索引。然而,为获取更多的详细信息和深入了解,可将每个系统分解为更多的子系统。例如,与单列出"电力供应"不同,一个详细的卡弗矩阵可以根据多个子系统的得分提供一个总体得分,这些子系统包括供电次数、电网的可靠性、变压器状况、最小所需负荷、合格维修人员的可用性和应急电源(表5.1)。

表5.1　某市水处理工厂的卡弗矩阵样本

资产/系统	C	A	R	V	E	R	总分/分
氯气罐	4	2	2	2	4	2	16
变电站	3	3	2	3	2	5	18
管道输送电网	3	4	3	3	3	2	18
泵站	3	3	3	4	4	3	20
净化罐	3	2	4	2	3	2	16
数据采集与监控系统	4	4	3	3	3	2	19
取水口	4	2	3	3	2	4	18

因此,卡弗法为用户提供了一种可伸缩的方法。为了覆盖广泛的地理区域,应急管理人员最好为最大、最全面的基础设施系统生成简单的矩阵。要对关键基础设施的几个高价值节点进行详细评估,少量的十分详细、细致的矩阵可能更适合需要。无论哪种情况,卡弗法的可伸缩性和模块化性质都有可能被证实对专业应急管理人员非常有用。

(三)风险分析与安全调查

正如综合暴露指标法具有数据驱动的应急管理背景,卡弗法的概念源自军事背景,风险分析安全性调查则来自私营安全部门。它与此处已经讨论过的方法具有许多相似特征,但也存在重要差异。

布罗德(Broder)在他的调查介绍中列举了 3 个具体的风险类别:个人,财产和责任(Broder,2000:1)。个人也可以解释为人员,因为它与受风险影响的人力资产有关。财产部分专注于有形物质资产,例如建筑物或车辆。责任部分可以被视为与风险方面相关的法律义务。

安全调查将风险评估定义为问题识别和概率确定的合理而有序的方法,以及全面的解决方案(Broder,2000:2)。从这个意义上说,它与我们之前对风险的定义是一致的。

这种方法所倡导的评估着重于 3 个关键方面。资产是一个组织或管辖区所拥有、设计、操作或控制的东西。敞口是一个具体危害或威胁的列表,这些危害或威胁可能导致损害、损失或伤害。损失则与预计或计算得出的资产减少额有关。评估这三个类别可以视为汇编安全调查核心内容清单的第一个关键步骤。

调查和评估接下来转向可以控制或影响降低风险的内部机制。这些类别可以视为调查清单的剩余部分:

- 内部和外部犯罪损失;
- 物流风险;
- 应急和灾害规划;
- 警察或官员的责任;
- 环境、健康和安全控制;
- 自然灾害或人为灾害对财产造成的损害;
- 组织或司法管辖权的一般责任;
- 业务或公共服务中断;
- 包括专业责任、产品责任或保险责任在内的其他责任。

私营部门发起的安全调查肯定在本清单中列出。它与本文研究的其他方法所形成的一个重要反差是它对组织程序和过程的关注。然而,综合暴露指标法和卡弗法(在较小程度上)的方法论主要关注外部威胁或危害,而安全调查则更具内省性和政策导向性。这种特性使得它在复杂或分层组织（这些组织的行为可能会加剧风险）中特别有用，或者在含有已确认的内部威胁成分的操作中特别有用。

最后，安全调查法超出了评估范围，并为流程改进提供了建议。一旦确定了特定的风险，安全调查提倡采用三层布局方法来最小化或减轻其影响：

- 实施既定的做法和程序，以最大程度地减少事故发生；
- 拟订减缓计划，以便在事故发生后将损失降到最低；
- 制订详细的应急和恢复计划，以确保连续性。

（四）美国联邦应急管理局程序

美国联邦应急管理局提倡通过 5 个步骤进行全面的风险评估（FEMA，2007:64—68）。每个步骤都以上一个步骤为基础，为既定资产或系统提供一个整体的风险模型。

- 威胁识别和评级.识别并定义威胁。此步骤确定威胁或武器的类型，确保资产免受其危害。
- 资产/结果值:确定需要保护的设施、功能和能力。
- 隐患评估:考虑到所有现有的安全性和冗余层，确定资产对所有已识别威胁的潜在隐患。
- 风险评估:将威胁、资产和隐患的价值相乘得出风险值。这一步骤将确定哪些威胁或武器引起了最大的关注。
- 减缓方案:通过之前的步骤和所得数据得出方案。此步骤为减少或消除特定风险提供了可行的潜在方案。

该过程在某种程度上代表了卡弗法的发展，因为它着眼于动态威胁或主动威胁。"威胁×资产×隐患＝风险"这一模型也反映了数据驱动的综合暴露指标法。

美国联邦应急管理局使用的方法还根据需要,提供多个级别或层次的详细信息。

- 一级评估有时被称为 70% 的解决方案,将涉及场地评审以及设施工程和操作的基本概述。
- 二级评估更进一步,包括全面的现场评估,检查相互依赖性、隐患和减缓方案。
- 三级评估通常是针对高风险资产,将包括所有先前的工作,以及复杂的、多层次的建模和结构分析。

总体而言,美国联邦应急管理局的方法在评估特定资产或设施时具有相当大的灵活性。

（五）其他方法

无论应急管理人员选择何种方法或方法论进行操作,进行有效的风险评估都是绝对关键的。尽管本文所研究的系统之间存在差异,但所有有效的风险评估都有某些共同之处。如前所述,哈多等人（Haddow et al. 2008:68—69）很好地总结了这 6 个特征:

- 识别和描述危害;
- 评估每种危害的严重性和发生频率;
- 估计风险;
- 确定潜在的社会和经济影响以及任何间接成本;
- 确定可接受的风险水平;
- 确定降低风险或减缓风险的机会。

还有许多其他的系统和方法论,有些是一般性的,有些是高度专业化的。风险矩阵方法类似于卡弗法,它根据频率和严重程度,以表格形式总结了一般危害。威胁和危害识别与风险评估是美国国土安全部近年来推出的一个系统,以协助管辖区进行风险识别。

美国危害评估方法(HAZUS)已使用多年,以帮助确定与地震有关的风险。而多重海岸灾害研究方法关注的是位于海岸线的组织或管辖区的 7 个潜在危害。

我们强烈建议该领域的应急管理人员和学生对这些方法进行更彻底的审查,当其中一个较专门的系统可能适用于他们的组织或社区时应尤其如此。因为没有哪一个系统是完美的,跨多个资产或系统的一致的评估方法可能被视为真正的目标。

(六)产品

任何风险评估最终取决于结果报告。此处讨论的每种方法都可以生成有用和可用的数据。然而没有一个应急管理人员是生活在真空中的。将这些结果向更广泛的受众解释清楚是至关重要的。在公共部门中,这些受众可能是消防人员和警官,或是市政工程管理人员和民选官员;在私营部门中,这些受众则可能是业务连续性专家、技术专家或公司执行总裁。

无论采用哪一种或哪些评估方法,结果都必须以符合规范的、有用的格式打包。它可能是一个以执行摘要开头的数据包,其中包含显示调查结果的详细图表;也可能是数字演示,为评估的核心结果提供可解读、可关联的视觉效果。

事故报告以标准格式准确记录异常事件,可以为评估提供优秀的数据点(Somerson,2009:109)。这些有形和可获取的数据对于识别频率和趋势以及确定风险管理计划和协议的有效性至关重要。

无论采用何种形式,都要针对不同的受众和他们的需求。全面的风险评估是一个复杂和耗时的过程,让评估结果尽可能发挥最大效用绝对符合应急管理人员及其组织的最大利益。

最后,一定要注意的是,全面的风险和危害评估不是一次性过程或产品。它是一个跨组织或跨管辖区的分析和应用循环。有效的报告和数据将加快整个周期的进程。

第三节　应急行动计划

尽管可以将全面风险评估视为应急管理的研究力量，但行动规划是对这些研究结果的实际转化和应用。它们如同同一枚硬币的两面，如果缺少其中一面，另一面的效果会差得多。

规划是应急管理计划成功的关键组成部分，但在事故或灾难发生之前，规划环节往往会被忽视，在最近没有遭受灾难性威胁或灾难性损失的管辖区或组织中尤其如此。请注意，计划一旦完成，应通过演练和演习来验证。（有关事故管理系统规划部分的资料，请参阅第六章"事故指挥系统和国家事故管理系统"。）

国际专业安全协会（ASIS）将应急计划定义为一份文件，概述了"一个组织为保护员工、公众和资产免受自然灾害和人为灾害造成的威胁而采取的行动"（ASIS，2003：3）。这种文件有许多标题，根据组织略有不同。它可以称为应急管理计划、应急响应计划，也可以简单地称为应急计划。由于它不仅符合国家事故管理系统（NIMS）的标准，而且具有广泛性和行动性，因此笔者更倾向于称之为应急行动计划（EOP）。

归根结底，此类规划文件的标题远不如内容重要。一份有效的计划决定了在实际危机情况发生之前的行动方案。如前所述，执行整体风险评估是至关重要的一步。为规划起见，看看你手头有什么可用的也很重要。之前的计划即使已经过时，也可能对组织或管辖区的现有结构提供重要的参考。

设置定义的范围并了解关键组成部分非常重要。该计划必须考虑有哪些设施或基础设施；必须覆盖哪些人员或访客，他们的人口统计特征是什么；是一个人的努力即可完成，还是可以邀请其他团队或委员会成员协助。最后，获得高层管理人员的支持对成功实施任何全面应急行动计划至关重要（ASIS，2003：5）。

计划组成要素

所有这些努力基本上是为了计划而制订规划。有了正确的组成要素,便可以精心设计文档本身了。美国国家事故管理系统针对必须包含的内容提供了优秀指导,文档格式不仅适用于美国管辖区,还适用于美国非营利机构、公司以及发达国家的任何政府机构。

毫无疑问,规划文件应由引言开始。该部分应明确组织,并说明制订应急行动计划的必要性或动机。用强有力的目标陈述为规划提供理由,这是引言的一个很好的组成部分。在这里至少还应该简短地提及范围和方法,指出哪些研究已经完成,以及计划是如何编制和合成的。这些将有助于读者理解该计划是如何组成的。

下一个主要部分是具体情况。这部分包含了一些在研究阶段编制的确切数据,并为文件的核心内容定基调。它应包含风险和危害分析/评估的结果,还应概述组织或管辖权,并提出规划过程中所做的重要假设。它还可能包括紧急事件或灾害类别的广泛列表,从而为稍后在文件中进行更详细的讨论奠定基础。

接下来是角色和职责部分。这部分逐一详细说明了影响计划涵盖的资产的任何紧急事件或灾害将涉及的组织或机构。这部分应该从组织的责任或管辖权本身着手,然后向外扩展。单独的部门可能包括地方政府、州或地方政府、联邦政府、非政府或志愿者组织和专业组织。(图5.1)现有的谅解备忘录可放在此处或附录中。

接下来是文件的核心:这部分被称为业务操作概念,是计划由总览到实施层面的转变。它从“常规状态”部分开始回顾标准业务操作程序和应急行动程序。这也是一个很好的引入协调和控制概念的切入点,这一概念将再次指出将参与应急响应的各个机构或部门,并确定它们在危机期间将如何相互作用。关于信息搜集和分析的部分可能有用,审查来文和通知程序这部分也有用。

图 5.1　2016 年纽约市的建筑起重机事故
启动了纽约市建筑倒塌计划

接着,"业务操作概念"部分进入灾难或危机的各个阶段:预防、准备、响应、恢复和减缓。应明确规定每一阶段的操作准则和期望值。应当为每一阶段确定参数,以便各单位能够清楚地确定它们在灾难的哪个阶段或哪几个阶段中起作用。

下一部分涉及财务和行政管理。这一部分应明确区分标准的行政管理任务和做法,以及应急情况下的优先任务和做法。同时,应概述定义明确的财务管理惯例和职责。

接下来是业务连续性部分。这一部分应在危机期间提供权责明晰的指挥结构,甚至可能包括符合国家事故管理系统的组织结构。若任何关键人物因伤、旅行等原因无法履行其职责,还将根据职位和角色确定继任顺序。业务连续性部分还应详细列举可能的临时设施,包括应急行动中心、备份数据中心和其他关键功能的场所。

一系列功能附件总结了应急行动中心的主体。这些附件将侧重于流程开始阶段由危害分析和评估所确定的特定威胁。这些简介是针对特定组织的,可能包括火灾、地震、主动射击、内乱等。每个附件的内容都应非常简短,长度为一到两页。各个附件充当特定危害所要求的关键行动的要点或清单。还可能包含单独的附件,详细说明各个减缓或响应措施,例如疏散或就地避难。

基础计划的末尾添加了一系列附录和参考资料。这些文件为整个规划提供了额外的信息和背景,可能包括应急行动中心协议、地图或平面图,以及紧急联系人列表。

以下是应急行动中心的示例目录,其中提供了更多详细信息。

应急行动计划样本

XYZ 公司
目录

Ⅰ.导言

A.总论

B.写作目的

C.研究范围/方法

Ⅱ.具体情况

A.危害分析

B.组织概况

C.规划假设

D.灾害分类

Ⅲ.角色和职责

A.XYZ 公司

B.当地政府

C.州政府

D.联邦政府

E.非政府组织和志愿者组织

F.专业组织

Ⅳ.行动理念

A.总论

ⅰ.日常运行情况

ⅱ.应急行动

ⅲ.响应协调

B.协调与控制机构

ⅰ.XYZ 公司

ⅱ.市政府

ⅲ.州政府

ⅳ.联邦政府

ⅴ.支持机构

ⅵ.信息搜集与分析

ⅶ.通信/通知

C.预防阶段

D.准备阶段

ⅰ.计划制订/维护/修订

ⅱ.机构信息

ⅲ.训练与演习

E.响应阶段

ⅰ.现场响应操作

ⅱ.应急行动中心

ⅲ.事故管理系统

F.恢复阶段

ⅰ.实地恢复行动

ⅱ.疏散和重新安置

ⅲ.损害评估

ⅳ.政府/组织互动

G.缓解阶段

Ⅴ.财务与行政

A.财务管理

B.行政职能

Ⅵ.作业连续性

A.指挥结构/继任者

B.临时设施

Ⅶ.功能附件(危害和缓解)

A.火灾

B.紧急医疗/流行病

C.极端天气

D.洪涝灾害

E.地震/建筑物破坏

续表

F. 重要设备失窃/损坏	P. 后勤管理
G. 主动威胁/主动射击	Ⅷ. 附录和参考文献
H. 炸弹/爆炸物威胁	A. 国家应急管理系统
I. 危险品	B. 应急行动中心规程
J. 内乱	C. 通过灭火器指南
K. 网络/信息安全	D. XYZ 公司总部紧急疏散计划
L. 应急疏散	E. 谅解备忘录/互助
M. 就地避难	F. 源文档
N. 搜救	G. 紧急联络名单
O. 大众护理/临时避难所	

通过遵循基本准则,应急管理人员可以制作出符合实际且有价值的工具,为将来的危机做准备。只要有可能,经选举产生的高层官员或公司首席执行官应提供一份公函,授权并认可其职权范围内的应急行动计划。这一步骤不仅对提醒执行管理层了解规划的进展至关重要,而且对确保获得其他管理者的认可和支持也相当重要。版本控制也很重要,应该包含一个简单的表单,用于跟踪对核心文本的任何更改或编辑。

最后,一名应急管理人员绝对不必孤军奋战。除了与应急行动计划相关的大量出版物和在线资源,任何大型组织或城市管辖区都拥有大量实力雄厚的专家,他或她可以随时与技术、运输、执法、消防、城市规划和急诊医学等领域的专家取得联系。在很多方面,我们希望现代应急管理人员是一名通才,有能力与众多不同领域的专业人士联络。一个有效的应急行动计划最终只有一位主要作者,但有许多的贡献者。

第四节　案例研究：化学、生物、辐射威胁

在过去,恐怖组织和其他极端分子不大可能发动化学或生物攻击。以 20

世纪 70 年代末为参照点,当时最引人注目的被一些国家视为恐怖组织的可以说是爱尔兰共和军和巴勒斯坦解放组织各派系。两者都以领土或民族主义目标为中心,因此其核心目标是动摇舆论以赢得"民心"。

在众多作家和专家中,霍夫曼(Hoffman)明确指出情况已远非如此。他提到了 1995 年日本东京地铁的沙林毒气袭击、1995 年美国俄克拉何马城联邦大楼的爆炸事件,以及 1998 年 2 个美国驻非洲大使馆的爆炸事件(Hoffman,2006:270—271)。这些转折点非常值得注意,因为这几次袭击发生在非常短的时间内,并由一个亚洲宗教邪教信徒、一名不受欢迎的美国退伍军人和一个伊斯兰极端组织延续下来。除了蓄意使用大规模杀伤性武器造成大规模伤亡之外,很难找到这 3 名肇事者或组织的共同点。1975—1995 年,这些组织的原则和目标已经演变成一系列极端主义组织,它们非常愿意以特定原因的名义来增加平民的死亡人数。

如果对这种模式的转变还有任何疑问的话,那么在 1998 年炸毁大使馆的同一个伊斯兰极端组织——基地组织——于 2001 年 9 月 11 日早晨将满载平民的客机当作巡航导弹使用时,这一点疑问就被消除了。与 20 世纪 70 年代末的巴勒斯坦解放组织不同,这类组织现在不再把平民乘客视为绑架或讨价还价的筹码,而仅仅是附带损害。

在以化学品和生物制剂作为武器所必需的知识方面,美国国土安全部出版的《大规模杀伤性武器学生手册》提供了一些重要的见解。文中指出,"恐怖组织有更多的机会获得大规模杀伤性武器材料和使其武器化的技术专长"(Center for Domestic Preparedness,2007:5—6)。同时,文中还指出了可能使攻击更具破坏性或致命性的因素,包括突袭、攻击手段、攻击目标和对应的对技术的预知。

事实上,霍夫曼(Hoffman)表明基地组织已经得出了同样的结论。他指出,"确凿无疑的信息一再被曝光,清楚地说明了基地组织长期以来一直在集中精力开发各种化学、生物甚至核武器系统"(Hoffman,2006:272)。其他多个极端组织也是如此,因此风险在很大程度上转移到决定选择哪种物质来行动。

值得注意的是,自第一次世界大战以来,军事组织有时会使用一些化学制剂,其中包括催泪瓦斯等化学制剂,还包含几种可能致命的物质(Bevelacqua, A., & Stilp, R., 2009:12)。三种主要的化学制剂类型是神经毒素(神经毒剂)、窒息剂(血液毒剂)和呼吸刺激物(窒息剂)。在足够的数量下,每一类中的多种药剂都可能致命,包括氯、芥子气和沙林。必须指出的是,化学武器的影响在使用后很快就会显现出来,可以说是非常严重的。

包括美国和苏联在内的多国军队在冷战期间也探索过生物制剂。然而它们的开发和部署似乎远远落后于同类化学产品。生物制剂大致分为细菌、病毒和毒素,潜在的生物制剂包括炭疽杆菌、天花病毒和蓖麻毒素。同样值得注意的是,许多生物制剂的效果可能在数周甚至数月后才会显现。

放射性威胁即所谓的"脏弹",也是一种迫在眉睫的危机。格鲁吉亚就是一个典型的例子。其安全部门报告说,在 2001 年、2006 年和 2016 年,它们至少阻止了三次通过其领土走私高浓缩放射性材料的企图。如果将这种材料放置在传统爆炸装置周围,它将使辐射扩散到爆炸半径的密度以及爆炸后的下风处。虽然这种装置在有限的地理区域之外不会对公众健康造成直接或重大的威胁,但由于公众可能难以区分核爆炸事件和放射性爆炸事件,因此其将引起普遍的恐慌。

了解这些进展过后,整体风险评估必须得出结论:美国及其西方盟国越来越有可能面临化学、生物或放射性攻击。极端组织与化学和生物制剂机构合作的实际例子显示了城市应急管理人员最有可能面对的威胁载体类型。

科特皮特(Kortepeter)和帕克(Parker)指出,日本邪教奥姆真理教于 1995 年在东京地铁上制造了沙林毒气泄漏事件,该事件受到众多媒体关注和报道,该教还在开发炭疽和肉毒杆菌等生物武器方面投入大量资金并做出了多方努力(Kortepeter, Parker, 1999:523)。尽管经过多年的努力和大量的资金投入,奥姆真理教还是无法将这些生物制剂武器化,使之具备真正的可操作性。

相反,奥姆真理教的追随者们在拥挤的火车车厢上刺破了装有化学物质沙林的塑料袋,造成了 13 人死亡,50 人重伤,另有约 5 000 人呼吸困难。美国在有害物质事故应对和恢复方面具有丰富的经验,而这种响应或多或少与化学攻击相对应(Sylves,2008:118)。对生物制剂释放的响应将更多地取决于公共卫生和流行病学功能。与化学物质造成的急性和直接威胁不同,大多数生物制剂都有规范的处方用药和治疗过程,至少能挽救一些受害者。通过利用在核电站实行和实施的遏制政策和程序,放射性威胁成为一种可以在战术层面上有效应对的威胁,但其会引起更大范围的公众恐慌。

可能性也可能取决于简单的可用性。常用的工业材料如氯和氨,有可能在恐怖行动中被使用。它们以油罐车为载体在国家的公路和铁路上运输。天花病毒和炭疽杆菌之类的生物制剂根本不容易获得。在极端组织的行动决策中,可获得性常常是最后的决定因素。

在许多方面,这三种威胁只不过是同一预期影响的更快(化学)、更慢(生物)和更复杂(放射)的版本。归根结底,鉴于恐怖主义分子和极端主义分子过去使用的武器种类繁多,必须假定大规模杀伤性武器对城市来说是一种真正的风险,因此应急管理人员必须对这种威胁做好准备。

第五节　小　结

有两个至关重要的工具将决定城市应急管理人员工作的成败。首先是风险分析或评估。执行这一重要任务有许多不同的方法,应急管理人员应选择最适合其组织具体需要的一种或几种方法。任何整体应急行动计划都将基于这一评估。

其次,应急管理人员必须为组织起草一份应急规划文件。在文中概述国家事故管理系统预案的细节,该预案的内容示例表则提供更多的细节和背景。在实际的危机管理中,这两种工具将很好地为应急管理人员服务。同时还应咨询其他相关领域的专家,以便尽可能制订最佳的评估和计划。这些计划必须考虑到各种各样的威胁,包括化学制剂和生物制剂威胁。

延伸阅读:

[1] Federal Emergency Management Agency. Risk assessment approaches. Retrieved on June 2016.

[2] National Commission on Terrorist Attacks Upon the United States. (2002). Washington, D. C. : U. S. Federal Government.

第六章

事故指挥系统和国家事故管理系统 **6**

第一节　引　言

　　1970 年的夏天对美国加利福尼亚州中部和南部来说特别炎热和干燥,狂风肆虐,气温数次达到华氏 100 度(华氏 100 度=37.78 摄氏度)。在过去的几十年里,第一波真正的城市扩张浪潮席卷该州,导致城市的细分和购物中心的出现,而就在几年前,这些地区还被认为是偏远的农村。美国林业局仍然对许多人口稀少地区的安全负有真正的责任,由地方和州消防员提供支持,其中许多是志愿者。当时的命令要求在全州范围的灾难计划下使用消防资源,该计划更像是一个松散的结合体,而不是一个有约束力的文件。

　　同年 9 月下旬,在奥克兰附近的高地上,一场不可避免的灾难发生了,一场规模宏大、来势汹汹的森林大火大肆席卷该地区。几天之内,加利福尼亚州发生了数百起火灾。在两周时间内,750 多起单独的森林大火横扫加利福尼亚州南部和中部,烧毁 50 多万英亩(1 英亩=0.405 公顷)的土地。据报道,截至 10 月 4 日,最后一次重大森林大火得到控制时,已有 16 人丧生,共 700 多户居民遇难。

绝大多数的损失都发生在城市和郊区的边缘地带。消防员称这个区域为"边缘区域"——在这个空间里,人类发展和野外环境浑然一体。近 2 万名消防员在最严峻的火势和充满挑战的地形下展开了激烈而不懈的战斗。尽管他们付出了努力,但所有相关人员都认识到行动并不顺利。机构、县和州等各个层级的行动后报告都提到了同样的问题:沟通、规划、情报和后勤。

没有人怪罪消防员没有努力遏制这场多管齐下的灾难;相反,指责的矛头一致指向缺乏组织性。在疲惫不堪的消防员终于能入睡,社区也开始恢复和重建时,所有相关人员都知道必须有所改变。

第二节　分　析

一、历史回顾

几千年来,人类在危机时期团结在一起,在与自然的斗争中相互交锋。在武装冲突或类似的逆境时期,指挥和控制结构往往有飞跃性的发展,但在不同的地区和文化鸿沟之间有很大差异。

时间快进到 20 世纪 60 年代末和 70 年代初,几起毁灭性的森林大火夺去了美国西部大量的生命和耕地。1970 年秋季加利福尼亚州发生毁灭性火灾后,公众的强烈抗议迫使美国国会采取行动,要求美国林业局拿出一个更持久的解决方案。加利福尼亚州的消防员再次首当其冲,临危受命。

1973 年,美国第一支消防(FIRESCOPE)技术队伍成立,指导这方面的研究和发展。(FIRESCOPE 是首字母缩写,表示加利福尼亚州南部为应对潜在的紧急情况而组织起来的一种强制性消防资源。)根据美国联邦应急管理局的定义,事故指挥系统是这项工作中出现的最重要的概念之一。事故指挥系统提供了一个模块化的统一指挥模型,而不是试图将各种机构与它们自己的变体组合成一种有效的指挥控制格式。

野外消防文化本身也是这一系统发展的重要来源。希利亚德(Hillyard)指出,群体对自上而下和自下而上的创新意愿都非常坚定。他指出,一线从业人员应该是"经常受新思想、新观念和创新思维推动的训练有素的专业人员"(Hillyard,2000:159)。反过来,该组织的高级领导层几乎完全由曾担任过各种一线职位的个人组成,这使他们更容易理解战术问题并发掘新兴人才。

在美国,事故指挥系统被森林火灾消防队广泛采用,几十年来一直默默无闻,很少得到外界的认可。20世纪90年代初,美国西部再次发生多起大火,纽约世贸中心和俄克拉何马城的默拉联邦大楼也发生了爆炸事故。跨各级政府的多个部门的大规模响应再次改变了该领域。

20世纪90年代末,经过对此类事件的多次研究和分析,危机管理的五阶段模型得以创立。皮尔逊(Pearson)、米斯拉(Misra)、克莱尔(Clair)和米特洛夫(Mitroff)等学者明确了危机期间任何网络或组织所经历的事件序列,(Pearson,Misra,Clair & Mitroff,1997)这与本文所描述的应急管理的五个阶段相一致。这些阶段是:

- 信号检测;
- 准备;
- 损害控制;
- 恢复;
- 学习。

在此期间,危机管理,尤其是事故指挥系统的价值得到了人们更广泛的认识,而且在更大范围内被采用,特别是在高度专业化或区域性的单位中。然而,要想让这一系统得以全面实施,还需要更大的冲击。

二、国家事故管理系统应运而生

2001 年 9 月 11 日,美国本土遭受恐怖袭击后,一个新机构随即成立,它将多个现有部门和职能机构合并到一个指挥系统下。国土安全部立即成为美国联邦政府的第二大部门,仅次于久负盛名的国防部。

在近 3 000 名美国平民死亡之后,人们进行了大量的自我反省,这是必要的,也是意料之中的。美国国家恐怖袭击委员会,也就是众所周知的"9·11"委员会,成为与恐怖袭击有关的最引人注目的咨询机构。大量的公开报告和联邦政府内部的机密信件为机构提供了广泛的指导和建议。

这一过程的结果之一就是时任总统乔治·沃克·布什(George W. Bush)办公室发表了一系列声明或宣言。这些文件被称为"国土安全总统指令"(HSPD),对维持美国的国内整体安全态势至关重要。此外,它们还要求对地方和州一级的应急管理职能进行重大改革(详见第八章"城市地区的应急管理与国土安全")。

其中最重要的文件之一是《国土安全总统第 5 号指令》,于 2003 年 2 月 28 日发布。文件的大部分内容只是更新或"调整"以前的国土安全总统指令。不过,在《国土安全总统第 5 号指令》第一页的目的声明中,特别提到了"通过建立单一、全面的国家事故管理系统来管理国内事件"的目标。必须注意的是,此时美国联邦政府仍在将许多现有机构和部门合并为国土安全部。

正如哈多(Haddow)、布洛克(Bullock)和科波拉(Coppola)所指出的那样,"国土安全部的成立是立法进程演变的高潮,这一立法进程最初主要是为了回应外界的批评,即增加联邦情报机构之间的合作本可以阻止'9·11'恐怖袭击"(Haddow,Bullock & Coppola,2008:14)。上述其他美国联邦机构内部的调查也得出了类似的结论。尽管不止一个机构抱怨丧失了行政独立性,但国土安全部还是存在了下来。

有趣的是,《国土安全总统第 5 号指令》更多地关注美国各级政府之间的纵向整合,而不像其他大多数国土安全总统指令文件那样关注的是横向组织和横向联合。毫无疑问,《国土安全总统第 5 号指令》的最核心的要素在于文件中目的声明里提到的综合事故管理系统。

《国土安全总统第 5 号指令》中还包括其他一些重要声明,其中包括任命总检察长为美国境内恐怖主义相关刑事调查的最终负责人。但在应急响应方面,最重要、影响最深远的莫过于在文件的任务部分明确创建国家事故管理系统。该部分还指出,官僚机构重组转化为现场的实际做法和程序——正如橡胶变成了轮胎,开始步入正轨了。它指出,所有联邦机构都将使它们的组织与国家安全协调的任务保持一致,并进一步概述了《国家响应计划》以及随后的《国家响应框架》的生成,从而确定了前进的道路。

即使是在这份早期文件中,国家事故管理系统在与任何国土安全事故或情况相关的培训和响应要素中也明显处于核心地位。它要求"各级政府有效、高效地合作,准备、应对国内事故并从中恢复,不论其原因、规模或复杂性"(HSPD-5,2008.4)。这可能是整个国土安全总统指令文件系列中最重要的措辞,因为它要求各级政府机构为所有危害做好准备。此外它还需要一个统一的事故管理系统,可以为每一个响应机构所使用。这代表了应急管理领域模式的彻底转变,应急管理先前主要利用各种不同的地方系统来应对危机和灾难。

由此产生的跨管辖区(强制性)合作氛围受其非同寻常的影响。随后的指令和倡议的直接结果是培训、演习和训练方面的合作数量大大增加。此外,国家事故管理系统已经成为所有应急机构(无论大小或位置)都要遵守的业务操作系统。在美国,不仅仅是大城市的政府在使用事故指挥系统和国家事故管理系统的概念,乡村行政部门、国家应急管理机构以及国土安全部都在利用国家事故管理系统对突发事件进行指挥。它的简单性和可分割性提供了一个可扩展或可收缩的指挥结构,在全灾种情况下切实有效,代表了真正的垂直和水平一体化。这是国土安全总统指令文件系列最重要和最持久的传统。

因此,国家事故管理系统已成为美国应急管理的支柱之一。从一开始,它就力求在各种威胁和隐患中使救灾工作标准化和精简化。

如2008 年版《国土安全总统第5 号指令》导言中所述,国家事故管理系统提供了"一种系统的、积极主动的方法,指导各级政府部门和机构、非政府组织和私营部门无缝工作,以预防、防范、响应、恢复和减缓事故的影响,无论事故的原因、规模、地点或复杂程度"。这一国家系统力求体现一种标准化和灵活的指挥结构,纳入参与机构的最佳做法。仅从这一描述来看,这似乎是一项相当艰巨的任务。

通过执行指导性文件,如《国家响应计划》《国家响应框架》,国家事故管理系统得到了进一步的完善。该系统还被设计成能够处理人为灾害和自然灾害——这显然是一种全灾种处理方法(Haddow, 2008:119)。

如2008 年12 月版指导性文件的前言所述,"国家事故管理系统代表了一套核心的理论、概念、原则、术语和组织过程,可实现有效、高效和协作的事故管理"(HSPD-5,2008:3)。因此,国家事故管理系统并不是"具体细节"的操作计划,而是灾难响应的系统指南。

在国家事故管理系统简介和概述部分的第一页中,后续版本指出了采取多灾种方法的必要性,特别指出2001 年9 月的恐怖袭击以及2004 年和2005 年的破坏性飓风季节。通过明确引用国家事故管理系统作为综合性、多管辖区的方法处理如此广泛的威胁,指导性文件果断地提出了全灾种的观点。本节继续强调,成功的管理系统还必须灵活且标准化。最后,简介和概述部分介绍了国家事故管理系统的各个组成要素,包括准备、通信和信息管理、资源管理、指挥和管理,以及持续管理和维护。

直接提出指挥和管理的部分也很重要。在第一自然段中,它将事故管理定义为包括"指导特定事故业务操作;获取、协调并向事故现场提供资源;与公众分享事故信息"(HSPD-5,2008:45)。然后对事故指挥系统进行分析,将其划分为5 个功能区域:指挥、操作、规划、后勤和财务/行政。

接着,核心文件论述了成功管理特征的重要方面,将事故指挥系统分成 14 个经过验证的操作管理特征:

- 常见术语;

- 模块化组织;

- 目标管理;

- 依靠事故行动计划(IAP);

- 可控范围;

- 预先指定突发事件动员中心的地点和设施;

- 全面的资源管理;

- 综合通信;

- 建立和移交指挥权;

- 指挥系统与指挥的统一性;

- 统一指挥;

- 资源和人事责任;

- 部署;

- 信息和情报管理。

国家事故管理系统核心文件还对比了单一事故指挥官(IC)和统一指挥形式下的指挥功能。至关重要的是,确定了指挥人员[公共信息官(PIO)、安全官(SO)、联络官(LNO)]和一般员工[业务主管(OSC)、规划部门主管(PSC)、后勤部门主管(LSC)以及财务和行政主管(FASC)]的具体职能。国家事故管理系统还深入研究了每个部门中分配的特定职位的职责,这些职责将在本章后面部分进行回顾。

也许因其灵活的组织结构以及其被多个公共部门机构广泛使用,国家事故管理系统也被一些私营部门实体采用。许多医院和医疗机构都采用了国家事故管理模型的一些变体,运输公司和航空公司也是如此。非营利部门也在很大程度上接受了事故指挥的概念,特别是在与公共机构的实际交流方面(这种合作在第七章"城市环境中的合作"中有更详细的描述)。例如,笔者清楚地回忆起,在五大湖地区一个极其寒冷的冬天,当笔者被派往一家发生严重停电问题的医院时,他感到非常惊喜,因为他发现这家医院的事故管理指挥结构已经建立并开始运行了。

在美国大背景下,国土安全部利用同样的模式来保护重要的基础设施,指定特定部门机构(SSAs)来制订特定部门计划(SSPs)。例如,财政部负责银行和金融部门,内政部负责国家历史文物等(Purpura,2007:361)。美国国家国土安全战略构成了这一总体体系的框架,反过来又以国家事故管理系统为基础。

在美国,从 20 世纪 70 年代西海岸的森林大火、2001 年纽约市的"9·11"恐怖袭击事件,到 2004 年和 2005 年墨西哥湾沿岸地区的森林大火中吸取的经验教训,从目标管理到多部门指挥结构,每天都在半个大陆之外得到确切落实。国家事故管理系统可能并不完美——而且似乎还在不断发展中,但它比之前要好很多。

三、国家事故管理系统在操作实践中的作用

任何一位一线应急管理人员都会告诉你,把一个伟大的概念写在纸上并不意味着它可以轻易地转化为实践。许多详细的计划被放在书架上的活页夹里,任其自生自灭。考虑到任何大规模紧急情况的复杂性和混乱性,上面提到的概念面临着逐渐消失的可能性。

相反,在美国,国家事故管理系统现在已经成为所有应急响应人员在"比赛日"操作的实际比赛战术。不仅城市的应急管理人员、消防员和执法人员采用了这种语言和结构,还有大量的非营利机构和非政府组织、医院、学院和大学以及公司也采用了这种语言和结构。正如埃里克森(Erikson)所指出的,事故指挥系统"提供了一个灵活的管理框架,而不是一个确定的算法"(Erikson,2006:

236）。所有这些都引出了一个非常重要的问题：国家事故管理系统在这个领域是
什么样子的？最好的起点在顶层，设置有指挥人员和一般人员的职位。（图6.1）

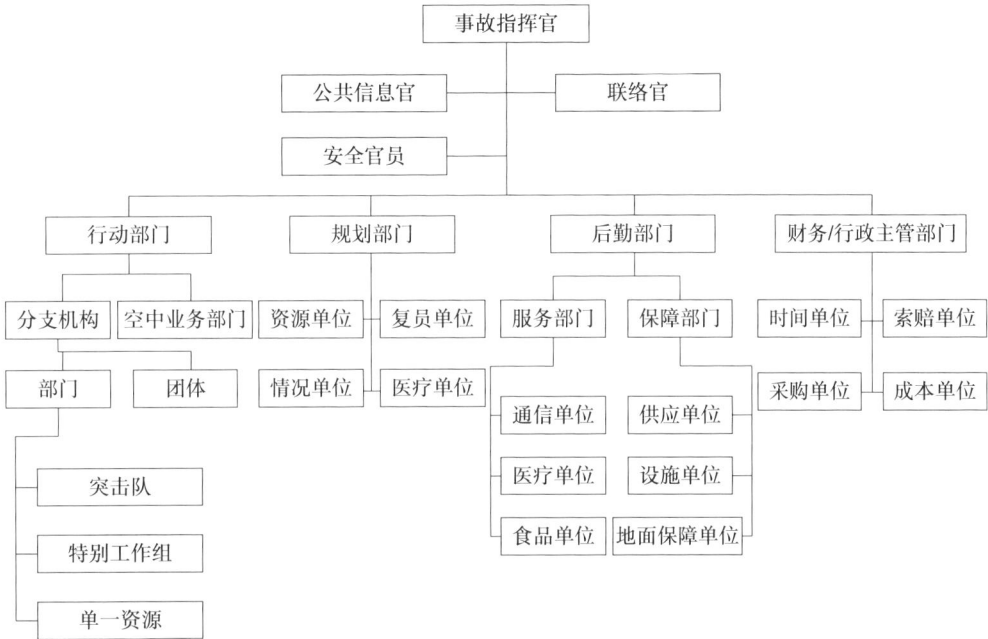

图6.1 国家事故管理系统中指挥人员和一般人员的组织结构样图

来源：美国联邦应急管理局

（一）事故指挥官

事故指挥官位于国家事故管理系统组织结构样图的顶部。他或她作为对
某一事故负有总体责任的人，"责任止于此"这句格言在现代社会中很少有角色
能如此贴切地适用。最终他或她将负责为灾难受害者和现场救援人员做出生
死抉择。事故指挥官无疑是这艘船的船长。因此，几乎可以肯定，事故指挥官
是一名具有丰富实践经验的人员，通常先前在多个任务部署中担任过高级领导
职务。全面、透彻地了解事故指挥系统的结构和功能相当重要。

与所有指挥官和一般工作人员一样，事故指挥官应通过职责、权限和专
业知识（RAE）原则获得资格。这意味着，在标准工作日里，事故指挥官可能
不是办公室里级别最高的人，却是非标准工作日里国家事故管理系统被激活

那天级别最高的人。他或她的资历赋予其权利和责任来指挥紧急灾难现场。有一张组织结构图,并保证其中的参与者都是真正的 A 型人格,这说起来容易做起来难。

（二）指挥人员

由少数专业人员组成的指挥人员直接向事故指挥官报告。这些人员包括公共信息官、安全官和联络官。

公共信息官负责处理所有非业务操作信息的发布。他或她将与媒体密切互动,与来自其他机构或管辖区的对口单位协调信息交流,并将担任指挥人员和一般人员的发言人。公共信息官还负责大规模事故期间的大量信息传递和通知,在事故快速变化或演变的情况下,这一作用可能相当重要。

安全官是指挥人员中的另一个关键职位。顾名思义,其最终责任是确保灾难现场的安全。这一广泛的作用可以涉及从指挥站的人类工程学到前线搜救行动的安全绳索降落等方方面面。安全官可不是"纸老虎",如果他或她目击了一个正在进行的不安全操作,那么他或她有权立即叫停所有响应和恢复活动。

联络官是指挥团队的最后一个组成部分。他或她将负责与事故指挥官直接指挥链以外的所有人员进行有效、成功的互动。这就转化为与地方和地区民选官员、非政府组织以及具有广泛部门背景和专业知识的未被指派的公共安全人员之间的专业互动。一个真正有效的地方政府不仅能平息人们的愤怒、抚慰他们的自尊心,还能从一系列支持机构那里为应急响应工作做出有意义的贡献。

同样值得注意的是,根据事故指挥官的决定,可以在指挥人员或一般工作人员中增加一个情报官的角色。该角色可能组合了传统执法或反恐意义上的情报,也可以在自然灾害或蓄意人为灾害中起到信息搜集的作用。

（三）一般人员

为了与联邦政府的行政部门进行比较,如果指挥人员代表总统最亲密的顾问内阁,那么一般人员代表活跃的部门负责人。从更传统的组织结构图看,一般人员代表着正在完成与响应工作相关的特定任务和目标的应急工作人员。一般人员的职务为部门主管,负责监督规划、业务、后勤、财务和行政。

PSC(Plans Chief)即计划主管,主要负责预测工作,预测未来。也就是说,他或她一直着眼于未来的两三个操作周期,以有效评估未来某个时刻的进度、需求和要求。这将需要与其他部门主管交流,以确定其各自单位内的潜在成果和不足。由于可能受到基础设施复杂程度和平民人口密度高低的影响,这种预测任务在城市响应中往往非常具有挑战性(图6.2)。

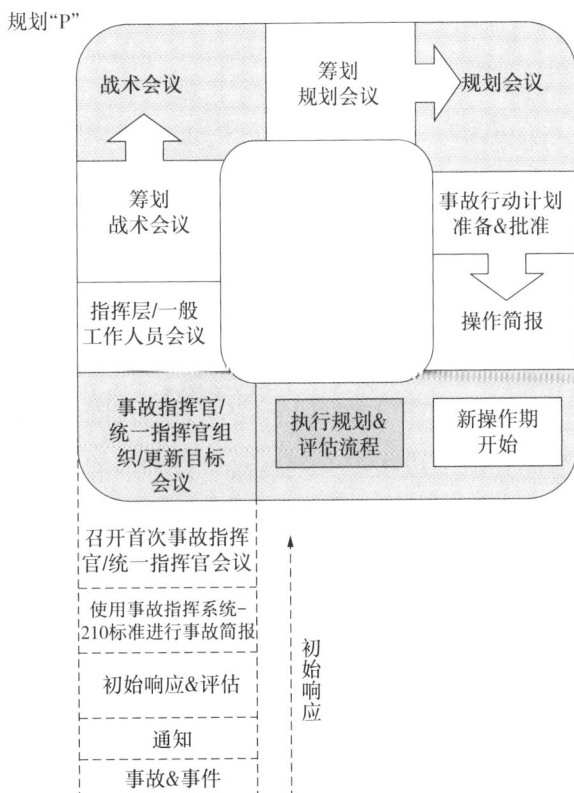

图6.2　规划"P"为规划部门在大规模事故的响应和恢复
阶段的复杂作用提供了极好的视觉参考
来源:美国联邦应急管理局

OSC(Ops Chief)即业务主管,负责执行任务,他们是一群在危险区域脚踏实地干活的人。从消防、搜救到周边安全的大规模应急行动,业务部门几乎负责所有危险的工作或脏活苦活。在所有大规模事件中,平衡应急管理人员的安全与受害者的需求都是主要控制范围的挑战。鉴于城市响应的范围和规模,这很可能是整个组织结构中最有难度的职责。

LSC(Logs Chief)即后勤主管,负责后勤保障,监督为大规模的响应或恢复行动提供所需的一切供应,从食物、燃料到沙袋和肥皂等,不一而足。这是一项艰巨的任务,他或她必须与各部门密切合作,因为物资的过剩或缺乏将对整体工作产生重大影响。在城市响应中,商品短缺、供应成本和对运输基础设施的破坏通常是后勤主管面临的三大障碍。

最后,财务会计主管或行政主管负责会计事务,让其他事务运作起来。这是一份吃力不讨好的工作,主管负责跟踪支出,并按事故指挥官确定的优先顺序执行行政任务。在美国,这一职能对当地在大规模事故后重新获得联邦资助至关重要,并使其他部门可以专注于当前任务和目标,而不是填写纸质表格和电子表格。

根据某一特定事故或一系列事故的规模和严重程度,每名主管可能负责少数几个或数百个专业人员。在更大型的响应中,控制范围可能成为一个重要的问题,它要求副手或其他下级指挥官将直接下属控制在 5 ~ 7 人(不超过 10人)。国家事故管理系统指挥结构的灵活性和可扩展性使得这一任务成为可能。

四、国家事故管理系统在操作实践中的定位

在对事故指挥系统中的主要领导角色进行审查之后,检查主要城市响应的地理位置是至关重要的。对大型或复杂的场景,最好从紧急情况的核心开始检查,然后向外展开。

(一)事故现场

紧急情况或灾难的实际位置显然是任何响应和恢复工作的重点。专业的

急救人员延续了为个别地点或事故起名字的悠久传统,例如"归零地"(Ground Zero)或"蓝沟林火"(Blue Cut Fire),但有一些关键术语适用于一切大规模事故。

术语"危险区(热区)"是指紧急情况的绝对核心。它是正在进行一线响应和恢复工作的地方,可能非常危险。因此通常在该区域周围建立一个内部周长边界,以防止无关人员进入。根据事故原因,高危险区可能包括主动攻击者、不受控制的火灾或物质泄漏、潜在的建筑物倒塌,甚至放射性物质。没有业务主管和事故指挥官的明确指示,任何人员都无权进入危险区。由于存在危险条件(例如过热或存在危险物质),在该区域内的工作时间可能会受到严格限制。

缓冲区(暖区)是紧靠危险区的地理区域。它包含一定的风险,平民也被要求与它保持距离。出于这个原因,可能会在缓冲区周围建立一个外围。缓冲区可能包括"通过中立主动侵略者、扑灭大火或遏制有害物质而从危险中重新收回"的领土。急救人员经常在缓冲区内的集结待运区准备工具或机器,或在进入和离开危险区时使用或拆卸个人防护装备(PPE)。

"安全区(冷区)"指的是与"热区"相距较远的区域,即没有直接威胁或危险存在的区域。这并不是说它完全没有风险。一旦在事故现场建立了访问控制,平民、媒体和应急行动中心将位于安全区。

(二)前线指挥

事故指挥所(ICP)有时被称为前方指挥所,将尽可能靠近实际灾害现场,通常位于缓冲区。高级指挥官将负责该地的战术响应和恢复工作,他可能是事故指挥官、副事故指挥官或业务主管。在最初的响应阶段,事故指挥所可能是将地图铺在卡车引擎盖上,来自不同部门的三到四个人围在周围。在延长的恢复行动中,它可能演变成装备齐全、气候可控的拖车式活动指挥室(图6.3)。

作为后勤部门前线指挥点的事故基地,可能与事故指挥所并置,也可能是人员和设备准备启动的集结地。在城市环境中,在缓冲区内,出入的便利性和空间的可用性可能会限制可以提前部署到这个位置的人员数量。

图 6.3　2008 年训练演习建立的前方事故指挥所（美国）

（三）应急行动中心

应急行动中心是大型或复杂突发事件中指挥控制职能的核心组成部分。它与前线稍有不同，但本质上是为整个指挥部和全体员工提供战略指导和高层支持。可能会指派一位应急行动中心负责人来管理具体设施，但是一名高层官员——通常是事故指挥官——通常也会亲自到场。多个部门主管也将在应急行动中心之外履行他们的职责。

设施本身有可能奢华，也有可能简陋。然而，它将负责保持对事故现场以及可能影响操作状况的外界力量（如内乱、恶劣天气等）的态势的感知。因此，应急行动中心可能技术含量很高，拥有多个计算机系统、无线电、卫星/移动电话和多个投影机或平板显示器。应急管理人员应行事果断，对潜在地点提出要求并在可能的情况下预先对其指定。

应急行动计划和事故行动计划这两份文件将是应急行动中心及其人员有效运作的关键。如第五章"城市地区的风险评估"所述，应急行动计划是一个组织或管辖区的战略或结构性指导文件。它为紧急情况提供高级指导，并以组织的名义推荐分配给应急行动中心的个人。它还为响应或恢复工作设定了总体期望。

事故行动计划是一份更具战术性和实践性的文件，是业务部门在具体实践操作中的主要指导。事故行动计划主要由规划部门综合总结而成,它考察一个完整的运行周期(通常为 12～24 小时),并根据行动需要分配单个任务组、突击队和单位。优秀的事故行动计划还会设定切实可行的目标,跟踪当前的威胁状况、天气和重要的任务里程碑事件。但前线领导将事故行动计划看作一份不折不扣的宗教文件,他们不愿意在没有最新副本的情况下进入该领域。

(四)统一指挥与区域指挥

统一指挥和区域指挥的概念对复杂事故或多起同时发生的事故至关重要。统一指挥是指共同负责任何涉及一个以上响应机构或司法管辖权的事故。简单来说,就是承认现有的指挥结构可能不足以应对跨越了公认边界、复杂或不断发展的威胁。正如希利亚德(Hillyard)所指出的,当一个或多个管辖区对放弃控制权感到不安时,通常采用这种方法(Hillyard,2000:101)。统一指挥旨在将复杂的指挥链简化为更简单的、面向任务的结构。

区域指挥的概念在澳大利亚和美国西部的森林火灾季节中最常见,它允许同时采取多种应对措施以有效利用有限的专业人员和物资。推论是,如果必须实施区域指挥,则在广阔的地理区域内会同时发生多个事故。区域指挥很可能涉及个别事故指挥官和事故行动计划,但可能是通过单个大规模应急行动中心进行最有效的协调,由真正跨司法管辖的事件推动其实施,如森林大火、洪水和多个恐怖主义行为。

(五)应急管理人员

既然我们已经对紧急情况或灾难现场的结构和布局进行了评估,应急管理专业的学生或从业人员可能会问自己:我适合哪里? 答案是,无处不在。在大多数城市环境中缺乏合格、熟练的应急管理人员,这表明职位在等人。

通常情况下,应急管理人员最终以事故指挥官、联络官或规划部门主管的身份成为指挥人员或一般人员。他们经常会被分配到一线行动单位去应付非常具体的威胁或危险。事故即使有共同点,也没有两起事故是以完全相同的方式展开的。作为一名通才,合格的应急管理人员可能还接受过高度专业化的培训,他将在危机期间变得非常抢手。

最后值得注意的是,选择指定角色的最佳方法是参与计划和准备过程。应急管理人员在其所在组织的危机规划中参与得越多,就越有可能展现出特别有吸引力或有意义的个人能力和职业素养。

第三节　城市角度

事故指挥系统,更具体地说是国家事故管理系统,是城市应急管理人员的绝佳工具。但无论其设计得多好,采用得多广泛,没有哪个系统能神奇地解决所有危机。国家事故管理系统代表了一个行之有效的指挥框架,但它依赖于个人及专业的互动作用。将胜任本职工作的专业人员特别是指挥人员和一般人员配备到各个岗位,仍然是成功的关键。

在人口密集的地区,挑战往往也随之扩大。毫无疑问,国家事故管理系统是从两个学科中诞生的。传统中,这两个学科在野外消防领域和军事领域都有广泛的活动。而城市应急通常是受限制的或垂直的业务。即使能获取必要的资源,将它们调配到适当的位置有时也是一个困难而漫长的过程。

国家事故管理系统的核心用户在城市中变得更加重要。如前所述,平民和关键基础设施的密度会放大和加速特定灾害紧急情况的影响。例如,在美国,怀俄明州中部一英亩土地范围失去电力和饮用水,与在曼哈顿中部一英亩土地范围失去电力和饮用水,是截然不同的体验。很简单,这要求城市应急管理人员的行动更加迅速和灵活,特别是在响应阶段。

这类场景还将重点放在规划和准备上。专业过硬、行动高效的应急管理人员既要有一个以紧急行动计划或类似文件为形式的战略层面的计划,也要有一个以当前事故行动计划为形式的战术层面的计划,这个至关重要。国家事故管理系统的某些核心原则在快速响应中也变得重要。在密集的城市环境中,目标式管理、清晰的指挥链路以及有效的沟通都变得更加重要。

最后,多机构训练和演习是应急管理部门可利用的最好的,也是最现实的培训工具。课堂培训、参加图上作业演习以及进行全面的实地演习,都能在制订有效准备方案中发挥关键作用。这类活动绝对是向其他规划者和响应者介绍事故指挥核心概念以及二者相互介绍认识的宝贵机会。

第四节　小　结

事故指挥系统的概念主要来源于军事和野地消防界。在极端危急的情况下进行有效的指挥和控制的确是一大挑战,并且关键原则成为成功实施项目的指导方针。

在美国,继"9·11"恐怖袭击之后,国家事故管理系统被采纳为应急管理系统的联邦标准。其成功实施的关键原则包括有效的规划和沟通、清晰的指挥链和后勤管理。许多公司和非营利机构也采用了这一系统。城市环境的节奏加快和影响的加剧要求在紧急事件发生之前进行更多的规划和准备工作。

延伸阅读:

[1] Department of Homeland Security (2008). The national incident management system. Washington, D. C. : U. S. Federal Government.

[2] Federal Emergency Management Agency. (2004).

[3] Homeland Security Presidential Directive-5. (Revised, 2004). Washington, D. C. : U. S. Federal Government.

第七章

城市环境中的合作

7

第一节 引 言

2005 年 8 月 30 日早晨,当太阳从美国路易斯安那州和密西西比州升起时,全世界第一次真正见识了卡特里娜飓风造成的破坏。正如大量报道描述的那样,飓风于前一天登陆时,美国新奥尔良市及其附近的教区起初以为自己相对无损地挺过了风暴。

现在,在清晨的阳光下,我们可以清楚地看到灾难的真正规模。新奥尔良市及周边地区的几处重要堤坝遭受了灾难性的破坏。风暴潮——在飓风的强力推动下形成的一堵水墙——向内陆移动的距离比人们最初认为的要远得多。

数以百计的人丧生,成千上万的生命处于危险之中。人们立刻痛苦地认识到响应和恢复是一项超出美国联邦政府单独处理能力的工作。与私营部门和非营利机构的合作不是一种奢望,而是绝对必要的。

举一个具体的例子,风暴登陆时,美国陆军国民警卫队(美国国防军)在海湾各州共有 7 500 名现役军人。在两周内,仅美国红十字会就可向该地区派遣 7.5

万名训练有素的志愿者。因此,一个志愿者组织激活了 10 倍于美军在灾难前夕部署的前线人员。

在这段时间内,美国联邦资源也顺理成章地大量涌入该地区。然而有一点非常明确:在大规模的灾难中,任何政府都不能单打独斗。

第二节　分　析

一、背景

如前所述,对所有灾害的响应最终开始于地方一级。然而当地资源枯竭的情况并不少见。在整个欧洲和北美洲,这一事实可以说是推动联邦制崛起的最强动力,在联邦制中,较小的实体(例如市、州和省)可通过配套区域或国家体系寻求援助。

西尔维斯(Sylves)将政府间的关系定义为联邦、州和地方官员以及私营和非营利机构官员在共同执行公共政策时的相互作用(Sylves,2008:133)。然而,正如对卡特里娜飓风混乱和不均衡的响应所表现出的那样,这绝非一项简单的任务。最初,临时区域系统是出于需要和必要而形成的,然而这些区域系统在训练有素的人员和物资都非常宝贵的大规模事件中显示出了缺点。

最终,事故指挥系统模型的概念作为黏合剂出现,它将这些不同的单位结合在一起,以实现共同的目标。20 世纪 90 年代的森林大火和恐怖袭击之后,事故指挥系统的价值得到了更广泛的认可,尤其是在专业运营机构中。类似欧盟消防官员协会联合会的同行,美国野外消防部门仍然是该系统的主要倡导者。

二、行动中的通力合作

正如一个新的或新兴的领域或专业通常的情况一样,应急管理从不怯于从相关职能借鉴成功的概念。有许多成功的尝试限制了重新合作的需要。

在应急管理中,合作可以定义为与他人在智力或操作上共同工作。成功的合作需要横向和纵向的整合。

(一)合作示例

许多现有的行动展现出了应急管理可以借鉴的特征和程序。一些共同的主题开始出现,包括目前共同努力的最佳做法。这种合作需要沟通和一组共同的目的或目标,在紧急或危机情况下,合作可能更具挑战性。

现代医院急诊室提供了一个有趣的合作示例。提供运输服务的救护人员在病人到达急症护理中心之前,可能已经将他们的生命体征和整体状况转发到了目的地。患者将由专业医疗团队进行会诊,然后进行更彻底的分类,并指派合适的药物、技术和领域专家对患者进行护理。对患有严重疾病的人来说,这个过程实际上代表了一种生死攸关的情况。该系统通过多年的运行经验和学术研究得到了完善,并且在极具挑战性的条件下具有很高的成功率。难度包括保持适当的人员配备以及药品和供应储备——正如任何医疗专业人士都愿意分享的那样,这是一个持续的财政和后勤挑战。

军事行动还需要高度精细化的合作。无论是演习还是在作战行动中被部署到战场上,军事单位代表一个高度互联和专业化的系统。以步兵为例,用军方的说法,其通常被称为"尖兵"。在被部署之前,战士们已经接受了强化训练,并了解了指挥系统、敌军和友军以及具体目标。现代步兵不仅携带最先进的武器,而且携带多种通信设备,掌握其操作方法。他们可能受到多个空中、海上、后勤和网络单位的支持(同样也要应对这多个单位)。能否调动这些支持职能并与之相互作用,将对既定任务目标的成败产生重大影响。

最后一个合作示例是由野外消防队提供的。正如第六章"事故指挥系统和国家事故管理系统"所述,用于扑灭美国西部森林大火的组织系统对较大的应急管理部门具有巨大的影响力。对抗大型或快速移动的野火所需要的合作是极端的。这类火灾通常发生在偏远或人难以到达的地方,这使得初步评估和规划变得非常困难。野火威胁人类、动物和建筑物的能力通常取决于消防员无法控制的条件，例如风、温度和湿度。因此，他们必须在进攻和防御的同时攻击火灾本身，同时保护自己的人员、设备以及平民。此类事件通常分布在一个大的地理区域，需要熟练和严格地协调各种资产，从拿着镐的个人，到推土机和飞机的协调调配。

美国新兴的应急管理和灾害科学研究机构仔细研究了这些行动的每一项以及更多的行动，以了解机构间和政府间的合作。其所汲取的经验教训已被并入美国事故指挥系统的战略性高级手册中。

（二）事故指挥系统／国家事故管理系统模型

美国于 2001 年至 2003 年期间成立国土安全部的关键因素之一是有效协调与合作。美国联邦国防、情报、执法和应急管理部门的官员因在"9·11"袭击之前和期间的失误而受到严厉批评。一系列的国土安全总统指令为这个新组织定下了基调。

《国土安全总统第 5 号指令》明确地将重点放在政府机构之间的纵向一体化上，而不像其他国土安全总统指令那样放在横向组织和一致性上。《国土安全总统第 5 号指令》的绝对核心是被称为国家事故管理系统的综合事故管理系统。

正如第六章"事故指挥系统和国家事故管理系统"所述，该系统已成为美国应急管理的支柱之一。从一开始，它就致力于将各种威胁和隐患的灾难响应标准化，以其作为真正的全灾种模型。它的简单性和模块化结构允许可扩展或可收缩的命令结构，也就是允许垂直和水平集成管理。

如 2008 年版《国土安全总统第 5 号指令》导言所述，国家事故管理系统寻求"一种系统的、积极主动的方法，指导各级政府部门和机构、非政府组织和私营部门无缝工作，以预防、防范、响应、恢复和减轻事故的影响，无论事故的原因、规模、地点或复杂程度。"因此，国家事故管理系统并不是一个真正的战术行动计划，而是灾难响应的战略系统指南。

核心文件论述了成功的应急管理，将事故指挥系统的概念分解为 14 个经过验证的操作管理特征：

- 常见术语；

- 模块化组织；

- 目标管理；

- 依靠事故行动计划；

- 可控范围；

- 预先指定突发事件动员中心的地点和设施；

- 全面的资源管理；

- 综合通信；

- 建立和移交指挥权；

- 指挥系统与指挥的统一性；

- 统一指挥；

- 资源和人事责任；

- 部署；

- 信息和情报管理。

国家事故管理系统核心文件还专门以"单一事故指挥官"与"统一指挥"的形式概述了指挥功能，并指出单个紧急情况与一系列同时发生的紧急情况的本质区别。

三、定义各部门

如果部门合作和政府间协调涉及多个部门，确定这些合作伙伴是谁至关重要。有 3 个公认的主要部门，每个部门都值得进一步审查。

（一）公共部门

一般来说，公共部门可以被认为是政府。但这可能涉及比最初更广泛的领域。地方、州和联邦公共机构被认为是该部门的一部分。在美国，官方部落团体也包括在内。实际上，任何由纳税人出资并对任命或民选的官员负责的实体，都可以被视为公共部门的一部分。

仅在地方一级,该部门可能包括城市、集镇、村庄、县和教区。州一级和联邦一级可能代表多个常务委员会,偶尔也有专门小组或委员会。

也许更重要的是,公共部门几乎包括所有的一线响应人员。当地警察、司法长官、消防、救护车服务、应急管理人员和公共工程人员都是公共部门的一部分。为了简化该范围,只需记住,第一辆带着闪光灯到达紧急现场的车辆很大可能来自当地公共部门机构。

如果事故规模较大或性质复杂,州或联邦执法和应急管理机构的响应人员也将被部署到现场。在美国,这些资源还可能包括军队、国民警卫队或国土安全部队。公共部门实体的例子包括:

- 当地消防部门危险物品小组;
- 县警察巡逻车;
- 国家防洪堤委员会;
- 国民警卫队杂物清理单位;
- 联邦执法代埋人/官员。

(二)私营部门

私营部门是迄今为止最大的部门,包括所有营利和商业实体。其不仅包括公司,还包括许多专业贸易团体、工会、协会和个人网络。根据美国国土安全部的研究,私营部门拥有或运营着美国近90%的关键基础设施。如果事故发生在这些设施内,私营部门的员工将是事实上的急救人员。

因此,仅凭规模就使得私营部门成为较大公共安全工作中的重要伙伴。不过,私营部门拥有的一项更为关键的资产是领域专家,设想一下能熟练操作5吨起重机的操作员、熟悉航空物流知识的航空货运代理,还有具有大容量水泵专业知识的资深机械工程师等。

最后,私营部门拥有大量以现金、商品和流动资产形式存在的资本。大规模灾难需要大量资金才能有效协调地开展响应和恢复工作。在资本主义世界里,通过有效、可靠的资金支持,产品和服务能得到最有效的加速。

然而,私营部门不应仅仅被视为最富有的公司和个人的集合。在 21 世纪,普通公民可以通过在线和互联网平台(如 GoFundMe 和 Kickstarter)联合起来,为紧急需求提供资金支持,并且这种趋势可能会持续下去。各种私营部门实体的例子包括:

- 拜耳公司的物理安全经理;
- XYZ 建筑公司的起重机操作员;
- 摩根大通公司的首席财务官;
- 卡特彼勒公司的维修领班;
- 联合包裹运送服务公司的货物装卸主管。

(三)非营利部门

如果首先会被我们想到的是公共部门,而私营部门是最大的,那么非营利部门是最不极重视的。非营利部门代表慈善机构和非营利性公司,它们在危机期间提供关键的专业知识、材料和技术支持。这些以志愿者为主的团体在紧急情况中发挥着越来越重要的作用。全国积极救灾志愿者组织(NVOAD)由几十个组织(2016 年共有 58 个)组成,具有不同的响应和恢复能力。这些个人组织中有许多是基于信仰的,他们把这种志愿工作视为社区外展职责的重要组成部分。

他们的服务的一个关键部分是培训,培训内容从基本的心肺复苏/自动体外除颤器课程到复杂的高级大众护理和收容管理课程。非营利部门可能包括松散的短波无线电运营商联盟、正式的国际慈善组织。

在灾难期间,这些组织提供了一系列非常广泛的支持服务,包括应急口粮、衣物、住房补贴、应急管理人员的饮食服务、咨询服务,甚至洗衣服务。对于资金紧张的城市机构的应急管理人员来说,这些组织绝对是至关重要的合作伙伴。非营利部门实体的例子包括:

- 救世军餐车司机；

- 红十字会收容所；

- 无国界医生医疗帐篷；

- 联合卫理公会清洁队志愿者。

（四）理论与实践

将计划和组织从静态文档转换为实际操作始终是一个挑战。埃里克森（Erikson）指出，当前跨部门的应急管理工作无非是一种模式的转变，并指出新模式"跨越了长期以来确立的司法管辖权界限，不仅大大加强了机构间的合作，而且促使联邦和州当局以及私营部门组织和公司之间的伙伴关系日益加强"（Erikson，2006：232）。

埃里克森（Erikson）还指出，亚洲大部分地区正涌现出一种模式，即让企业自己努力承担初步响应和恢复的工作及成本。他引用了很多政府遵循的格言，"对造成危害和风险负有责任的人恰恰是对控制这些危害和风险负有主要责任的人"（Erikson，2006：232）。

2010 年 4 月的"深水地平线"漏油事件确实使美国前景更加暗淡，美国联邦政府主要关注的是灾难发生期间的公众通知和清理工作，并期望受损石油钻井平台的私营商和运营商阻止当前的泄漏。海底油井多次封堵工作历时近 90 天完成，这是美国海域有史以来最大规模的漏油事故。最终，石油平台的承租方英国石油公司（BP）遭受的财务损失远比钻井平台所有者越洋公司（Transocean）和主要钻井承包商哈利伯顿（Halliburton）大得多。

"深水地平线"漏油事件最终暴露出缺乏计划、有效的政府监督和事前协作等问题，结果导致响应效率低下、协调不力。先前提到的对紧急情况原始范围和规模的预测缺乏想象力同样也是一个关键因素。在某种程度上，所有利益相关者要么从未考虑过海底可能发生重大泄漏，要么认为其他组织中有一个组织拥有应对和减轻这种威胁的资源和知识。无论是否纳入规划，跨部门的初步合作在很大程度上取决于利益相关者之间的关系。

相比之下,医院、军队以及野外消防行动之间的成功合作至少部分是因为明确的共同目标和参与者之间的高度信任。完成一项主要职能的核心能力无法在文字记录上轻松或准确地捕捉到,但它足够灵活、可靠,可以代表利益相关者实现更高的利益。

第三节　城市角度

在人口密集的地区,应急管理的挑战被放大。城市突发事件往往是约束性的或纵向的事件。正如第五章"城市地区的风险评估"所指出的,即使有必要的资源,将它们调配到适当的位置有时也是一个困难而漫长的过程。

事故管理的核心用户在城市中变得越来越重要。如前所述,平民和基础设施的密度会放大和加速特定紧急灾害的影响。归根结底,这要求城市应急管理人员的行动更具果断性和灵活性,尤其是在响应阶段。除了实施已建立的事故管理系统(如国家事故管理系统)外,应急管理人员还可以在危机发生之前、期间和之后使用多种合作工具。

一、行业工具

稍后各章重点讨论应急管理的各个阶段,将涉及预防、准备、减缓、响应和恢复等具体细节。但一些关键的合作元素会跨越应急管理的多个阶段。将来自公共、私营和非营利部门的资源结合起来,往往会产生一种力量倍增的效应,其效果大于各部分效果的总和。

（一）应急行动中心

应急行动中心是突发事件中指挥控制职能的核心组成部分。应急行动中心与事故指挥中心稍有不同,它为整个指挥层和一般员工提供战略指导和高层支持。可以指定应急行动中心管理人员管理实际设施,但始终有一名高级工作人员在场——通常是事故指挥官或其指定的人员。多个部门主管也将在应急行动中心外围各司其职。

近年来,对于私营部门和非营利部门的成员是否应该并置于应急行动中心存在一定程度的专业争议,答案在很大程度上取决于紧急情况本身。

公共部门的响应人员和公共雇员可以处理的短期事故很可能不需要其他部门成员的参与,例如公共建筑中的人质路障情况。正如在一项执法事故中,应急行动中心可能会站出来支持公共部门的响应和恢复工作,但对私营部门和非营利部门的影响可能微乎其微。

相反,如果事故影响到私营部门和非营利部门,或预计将持续很长一段时间,就应欢迎和鼓励这些部门在应急行动中心的存在。例如,城市中心的一条主要供水管爆裂。洪水、水害和交通中断将影响多个部门,响应和恢复时间可能很长。非营利部门和私营部门的代表们加入应急行动中心可能会非常有益。

行动成功实施的一个关键是,私营和非营利部门的成员必须在紧急情况发生前充分接受应急行动中心的指导和培训。如果"门外汉"在危机中第一次被带进应急行动中心,他们就注定要失败。但是,如果他们了解应急行动中心和核心事故管理概念,这些代表就可以作为他们各自部门的联络人,成为重要的力量倍增器。私营和非营利部门的代表应该熟悉应急行动中心的布局和使用的技术。从行政角度看,这些部门代表在专业知识、性情和背景调查方面应符合与应急管理同行相同的标准。

(二)联合信息中心

联合信息中心(JIC)可以被设想为媒体关系的应急行动中心。若多机构或部门响应危机,统一的消息传递就变得至关重要。所有部门和公众都必须收到宝贵而明确的信息,这一点至关重要。

这一过程中最关键的工具是联合信息中心。作为事故期间的危机沟通中心,联合信息中心是物理或虚拟的场所,利益相关者的公共信息官员和危机沟通官员在此处会面并讨论消息的传递。

联合信息中心的主要功能是消除谣言,并提供事故现场或应急行动中心的最新消息。联合信息中心也可作为媒体代表和记者的聚集点,并可作为新闻发布会的地点。所有联合信息中心的物理位置都应该在地理位置上移除,以防止媒体干扰响应位置或应急行动中心。

有效的联合信息中心还可以管理面向公众的警报机制,包括大众信息、社交媒体和正式新闻稿等。如果执行正确,联合信息中心可以成为所有受影响部门绝对重要的合作伙伴。

(三)训练和演习

"熟能生巧"这个词已经流传了很多年,人们有充分的理由将其奉为信条。但在混乱的应急管理行业里,完美可能是一个难以企及的目标,不过完善、改进肯定还是可以实现的。

任何真正的跨部门合作都将包括一个强有力的培训和演习计划,正如先前对应急行动中心的概念的评估所指出的,参与者必须在真正的紧急事件发生之前了解自己的角色和职能,这一点至关重要。既定的培训和演习方案在该领域已有成功的先例(图 7.1)。

图 7.1 泰国一场大规模的高层疏散演习,
动用了公共部门和私营部门的参与者

应急管理人员协调跨部门演习和训练最有效的方法是逐步增加演习和训练的复杂性。这个概念依赖于一系列逐渐复杂的训练和演习。它可以从一项模拟演练开始,在该练习中,参与者被引导通过一系列场景——在较大事故中调整和发生——有时被称为基于讨论的演习。接下来,参与者将参与越来越复杂的基于行动的演习,可能是基于同一危险或威胁的两次或三次演习。最后实际的单位将被部署到模拟响应的现场,同时所有支持机制(应急行动中心、联合信息中心等)将被激活。

美国国土安全部国土安全演习与评估计划(HSEEP)是一个非常好的、正规的、审查过的演习设计例子。虽然其严格的结构确实需要广泛的深谋远虑和规划,并非每个管辖区或组织都能做到,但它是衡量所有整体演习计划的标准。

(四)正式和非正式组织

还有许多专业组织协助应急管理人员相互合作。这里我们只讨论两个,但笔者强烈鼓励学生和从业者自行调查,以确定哪些类似的团体可能在他们的领域积极活跃。

国际应急管理协会(IAEM)是全球最大的专业应急管理人员的正式网络,大约有 7 500 名成员。协会的宗旨是"通过提供信息、网络和专业机会来为会员服务,并促进应急管理行业的发展"。

该组织还举办大型年会活动,包括开设多个教育课程,并严格监督同行评审认证,即应急管理人员从业资格审定(CEM)(全面披露,笔者确实具有应急管理人员从业资格证)。该组织还发行了两份电子时事通讯——《国际应急管理协会周报》和《国际应急管理协会月报》。区域会议也经常在亚洲(包括中东地区)、欧洲举行。

大都市应急管理协会是由来自大城市的应急管理人员组成的一个协会,这并不奇怪。该组织也许没有国际应急管理协会那么正式,2005 年联合组建该组织是因为来自美国多个管辖区的领导人认识到大城市面临着许多相同的财政和运营挑战。这种需求是真实存在的,该组织迅速从 4 个成员管辖区发展到

15 个,目前成员数量已占美国人口的 30% 。

小组成员共享一个活跃的电话和电子邮件交换网络,大约每年开两次会,讨论新出现的问题和解决方案。该组织的使命宣言是:"在美国最大、最具风险的大都市管辖区内,促进健全、灵活的应急管理业务的发展和增长,使美国能够更好地预防、防范、准备、应对重大突发事件和灾难性突发事件,并从中恢复过来。"其成员管辖区包括:

- 波士顿市;
- 芝加哥市;
- 达拉斯市;
- 丹佛市和县;
- 哥伦比亚特区;
- 哈里斯县(休斯敦);
- 休斯敦市;
- 洛杉矶市;
- 迈阿密-戴德县;
- 纽瓦克-泽西城市区;
- 纽约市;
- 费城市;
- 圣地亚哥县;
- 旧金山的市和县;
- 西雅图市。

正如第一章"城市应急管理概论"和第二章"应急管理的发展和历史"所述,此类专业网络预示着整个行业的兴起与发展。但真正的合作需要撒一张更大的网。

（五）联合委员会

他们可能有多个头衔——委员会、协会、任务小组——但跨部门工作组可能成为城市地区规划和缓解能力的重要组成部分。每个管辖区或组织对这些团体的主题都有不同的看法，但如果处理得当，它们可以产生巨大的影响。

一种最佳做法是，任何大城市地区都应设立一个常务组，负责搜集跨部门各领域的专业知识。要使这样一个委员会或任务小组真正取得成功，需要争取各部门主管的鼎力支持。

最成功的联合委员会或任务小组有效地充当了网络中的网络、协会中的协会。这一特征可以追溯到力量倍增器的概念，在这个概念中，每位参与者依次充当其专业领域中许多联系人和合作人的渠道。例如，如果一家大型酒店的安全负责人是该工作组成员，那他或她不是代表一家酒店，而是代表市区内所有酒店和度假村。在这样一种授权的联络职能中，这个角色充当了与更大范围的选民沟通的渠道。要想最有效率，个人必须具备真正的团队精神。

这样的组织一开始可能很难形成，但当来自不同领域的知名人士聚集在一起时，似乎是能取得成功的。参与应被视为一种特权和荣誉，而不是权利或负担。最后跨部门委员会或任务小组必须以任务为导向。特定的项目或目标对此类团体的持续成功和相关性至关重要，绝不能让它们变成"为了开会而开会"的状态。

本章结尾处的案例研究重点关注这样的一个组织，它试图以该方式授权给成员。

二、应急管理人员的职责

在危机时刻，有效的合作是名副其实的救星。本章考查了许多潜在的合作伙伴、工具和资源。最终，有效的城市应急管理人员将发挥作用，把这些要素整合起来。

应急管理人员可以在指挥人员和一般员工岗位中找到一个国家事故管理系统特定的职位,或者被指派到一线单位去处理非常具体的威胁或危害。作为通才和专家,高素质的应急管理人员在危机期间总是急需的。

但应急管理人员可以发挥的最重要的作用是首席合作伙伴作用,即在灾难发生之前、期间和之后将不同利益关系和利益相关者联系在一起。这从来都绝非易事,也很少得到公众的认可。然而,这种联络的作用填补了其他专业人员之间的关键空白,并且将在最佳情况下激励他们在一组共同的目的和目标面前达成一致。

第四节　案例研究：芝加哥公私合作任务小组

一、背景

2010 年年初,美国芝加哥市认识到有必要建立包括私营部门和公共部门组织在内的合作伙伴关系。该小组最初被称为关键基础设施恢复任务小组(CIR-TF),该小组主要关注应急准备阶段和业务连续性问题。定期会议的重点是分析和讨论可能影响多个部门的系统性威胁。

2012 年,该地区主办了北大西洋公约组织(NATO)峰会,来自大约 25 个国家的高级民选官员和国防官员参加了峰会。除了对后勤保障和恐怖主义的担忧外,这次峰会还吸引了众多抗议者,给市中心商业区的多个实体带来了一定程度的破坏。

在峰会举办之前,已经进行了广泛的规划和筹备工作,包括成立多个针对特定威胁的跨部门委员会。很明显,关键基础设施恢复任务小组在准备和响应阶段的工作重点是进一步扩大对关键基础设施的排查。鉴于规划工作的全面成功,并经过高级与会者的充分考虑,工作组的成员范围和规模扩大了,其作用和头衔被重新确定。

经过修订后,芝加哥公私合作任务小组(CPPTF)于 2012 年年底诞生。它的最初使命是"为芝加哥公共安全机构和私营机构合作伙伴之间的信息共享、规划和抗灾能力建设提供一个持续一致的论坛"。从一开始,这个组织就被设想为网络中的网络,一个可以代表公共、私营和非营利部门更多人的个人团体。

有些独特的是,任务小组是在共同主席的领导下成立的——其中一位主席将由公共部门成员担任,另一位则由私营部门/非营利部门成员担任。该小组最初是由该市的应急管理和通信办公室组织的,因此该部门的执行主任担任了公共部门的首任主席。另一位主席由芝加哥第一组织负责人担任,该组织主要由财务部门的弹性专家、业务连续性专家和安全专家组成。

其他非营利和私营部门的典型代表包括建筑业主和管理人员、高校、文化产业、医院和医疗服务提供者、酒店和旅游目的地,以及零售商和商店业主。在公共部门方面,典型代表包括传统的救援人员,如消防员、警察和应急管理人员,以及国土安全部、公共卫生和城市建筑部门。

二、最佳做法

在早期关键基础设施恢复任务小组模板的基础上,任务小组设立了一些组织作为工作组的常任理事,并有权根据需要从其他部门和分部门引进特定的领域专家。整个工作组的会议按月安排,并根据需要举行小组委员会或工作组会议。同时,小组为继续成为工作组成员制订了出席率和活动标准,以确保任何团体成员如果不能为较大型工作做出贡献,就不能从会员资格中获益。

有了这个架构,芝加哥公私合作任务小组开始着手处理一些棘手的跨部门问题。具体包括:

- 关键基础设施所有者和运营商在灾难发生后重新进入其设施的资格认

证计划；

- 面向私营和非营利部门代表的应急行动中心培训计划；
- 审查和执行事故命令与事故报告软件程序和系统；
- 为居民和通勤者提供关于疏散和就地避难规划等复杂主题的教育方案和演示；
- 跨部门共同行动场景（COP）的最佳做法。

为了增加参与度和包容性，任务小组还在公共部门和私营/非营利部门之间轮换每月会议地点，成员提供其组织的简要情况更新和概述，以启发其他与会者了解他们的能力和专业领域。结果不仅形成了一个正式的工作组，而且形成了一个非正式的网络中的网络，这些网络经常就共同关心的问题彼此单独直接联系。

作为一个特定的例子，芝加哥公私合作任务小组还在演习和训练的相关概念方面发挥了重要作用，比如为利益相关者在灾难发生后重新进入设施提供实时认证。几位成员在现场会面，测试一个简单的移动解决方案，以应对业务连续性规划中非常具有挑战性的方面。任务小组确定，利用关键基础设施地点的现有关键业务管理人员名单，比使用更昂贵、更复杂的"硬卡"认证程序更可取。经审查合格的利益相关者名单由当地执法融合中心管理，无论电力或互联网连接状况如何，都可以部署到事故发生地周边。

截至 2017 年，任务小组仍然非常活跃，并正在考虑一个新的、扩展的关于项目、下属委员会和潜在常任成员组织的清单。随着组织的不断壮大，该组织已经将新的领导人过渡到私营部门和公共部门的联席主席职位上——这是一个极好的迹象，预示着组织生生不息。虽然没有任何一个组织能够解决庞大而复杂的城市地区面临的所有问题，但芝加哥公私合作任务小组仍然是现代城市中公共、私营和非营利部门之间持续合作的典范。

第五节　小　结

在这个预算减少、期望增加的时代,跨公共、私营和非营利部门工作已成为一种要求。现代医院急诊室、专门的军事部门和野外消防员都提供了成功合作的有效范例。在灾难性事件发生期间和之后,所有部门的有效贡献都至关重要,2005 年卡特里娜飓风和 2010 年"深水地平线"漏油事件的例子就非常清楚地说明了这一点。

应急管理人员可使用的合作工具包括应急行动中心、联合信息中心、训练和演习、正式和非正式组织以及联合委员会。芝加哥公私合作任务小组被认为是在现代城市环境中进行跨部门有效合作的典范。

延伸阅读:

[1] Big City Emergency Managers, Inc. (2016).

[2] Department of Homeland Security (2008). The national incident management system. Washington, D. C. : U. S. Federal Government.

[3] Department of Homeland Security. (2013). HSEEP Program.

[4] Federal Emergency Management Agency. (2004).

[5] Haddow, G., Bullock, J., & Coppola, D. (2008). Introduction to emergency management. Burlington, MA: Butterworth-Heinemann.

[6] Homeland Security Presidential Directive-5. (Revised, 2004). Washington, D. C. : U. S. Federal Government.

[7] International Association of Emergency Managers. (2016).

第八章

城市地区的应急管理与国土安全 8

第一节　引　言

一、简要案例研究

2013 年 4 月 15 日,美国著名的波士顿马拉松赛终点线附近发生两起爆炸事件。在这起城市地区的恐怖主义行动中,爆炸造成 3 位平民死亡——29 岁的克里斯特尔·坎贝尔(Krystle Campbell)、23 岁的吕令子和 8 岁的马丁·理查德(Martin Richard)——另有 250 多人受伤,其中一些人伤势严重。爆炸引发了执法、紧急医疗服务和应急管理部门的巨大响应。肇事者是两兄弟,拥有车臣共和国和吉尔吉斯斯坦血统的美国公民。他们的照片在一次彻查中曝光,调查利用了证人证词以及来自公共和私营部门的重要监控录像。

4 月 18 日,这些照片向媒体和公众曝光后不久,肇事者伏击并杀害了麻省理工学院的警官肖恩·科利尔(Sean Collier)。一场混乱的持续 24 小时的愤怒追捕随即展开,包括在郊区居民街道上行凶者与警方的枪战,行凶者使用管式炸弹作为手榴弹,使用一辆运动多用途车辆实施重创。最终一名嫌疑人被抓获,另一名死亡。这次临时行动意味着美国一个主要城市遭到了前所未有的封锁,执法部门和应急管理部门的官员建议,应该为平民提供庇护,并取消所有非紧急情况下的出行。公共交通系统和大多数公共机构被关闭,造成在一个主要城市中心行人和车辆寥寥无几。

调查显示,最初的爆炸是由放在背包里的所谓的高压锅炸弹引起的,这种炸弹是用烹饪器皿把黑火药和弹片包裹起来制作而成的。这些设备相对容易制造,计划在互联网上很容易找到,并得到恐怖组织如阿拉伯半岛基地组织(AQAP)的支持。虽然肇事者中的哥哥曾经去过车臣共和国一些臭名昭著的伊斯兰极端分子地区,但兄弟俩似乎主要是通过互联网变得激进的。他们的暴力行为在美国大都市地区引起了前所未有的公共安全反应。不幸的是,对城市应急管理人员来说,这是一个痛苦而清晰的预兆。

二、背景

恐怖主义已经伴随我们几个世纪了。从一群人被一支强大的军事力量压倒或压迫之时起,不对称战争的概念——包括恐怖主义的战术和方法论——在世界许多地方盛行起来。

特别是在中东地区,数千年的人口交叉重叠和相互竞争导致各组织诉诸这种战术,从西西里人对抗罗马人到什叶派暗杀者针对逊尼派,从伊尔根攻击英国人到哈马斯针对以色列人,不一而足。

然而这样的战术绝不仅限于地球上的一小片区域。在过去的 10 年里(译者注:原著于 2020 年出版),不对称袭击在许多人口稠密的地区造成了死亡。从整体的全灾种规划来看,此类威胁是更大的人为危害范围的一部分,尤其是在大城市。

私营部门也敏锐地意识到有必要减少人身暴力造成的损失,正如 2004 年一份题为《自然灾害和人为灾害需要类似的风险规划》的美国商业保险条款明确指出的那样。这篇文章的作者观察到"为自然灾害制订的减缓和业务连续性策略……与为潜在恐怖主义事件所做的准备有一些相似之处",并指出,利宝互助银行发现"其客户越来越希望将恐怖主义和危机管理评估作为其全公司风险评估的一部分"(Natural, Manmade Disasters Require Similar Risk Planning,2004：31—32）。城市地区的现代应急管理人员还必须预见到影响其组织或管辖区的恐怖主义事件。

第二节　分　析

一、恐怖主义与国土安全

要理解恐怖主义这一如此复杂的问题,最好从定义开始。恐怖主义的定义最常被引用的版本是由美国联邦法典提供并由司法部(DOJ)使用的："对人员或财产非法使用武力或暴力,以恐吓或胁迫政府、平民或其任何部分,进而达到政治或社会目标。"(C. F. R.,1969）

因此,恐怖主义是为了实现社会目标而使用武力或威胁使用武力。符合这一定义的团体不计其数,美国联邦执法部门将其分为国内和国际两大类。大多数城市应急管理人员对这两种类型都很熟悉,他们的管辖区不仅是袭击目标,而且可能有人在那里密谋在其他地方实施袭击。

事实上,在1993年纽约世贸中心遭受国际恐怖主义卡车炸弹袭击后,美国联邦政府首次因恐怖主义发布了总统灾难声明。随后的1995年美国俄克拉何马城国内恐怖主义卡车爆炸事件发生后,时任总统比尔·克林顿(Bill Clinton)发布命令,宣布美国司法部负责危机管理,联邦应急管理局负责后果管理。实际上,"危机"和"后果"这两个术语至今仍被美国司法部广泛使用,大致分别对应"响应"和"恢复"两个阶段。

随着时间的推移,这种恐怖主义手段的使用有起有伏,但21世纪伊始,在新的地点出现了暴力事件。在美国东部发生"9·11"恐怖袭击后不久,其他一些大都市地区也发生了有组织的袭击,包括马德里(2004年)、伦敦(2005年)和孟买(2008年)。人口众多的民主国家中心城市现在正成为恐怖分子的袭击目标。各国政府争先恐后地执行(或重新实施)政策和程序,以加强城市中心的安全。(图8.1)

图8.1　应急管理和国土安全职能的结合,导致更多的交叉培训和联合部署,比如纽约消防局和纽约警察局在曼哈顿附近的船只

除了结构和行政方面的变化外,各国政府还对规划过程做了大量更新。正如贝拉卡(Bevelacqua)和斯蒂普(Stilp)指出的,"包括消防部门、执法部门、紧急医疗系统、医院和应急管理部门在内的应急响应人员必须制订计划,并在这些事件发生时做好应对准备"(Bevelacqua,Stilp,2009:1—3)。现在美国大城市的标准程序是,对任何大型活动事先进行由当地执法部门协调的威胁评估,并在评估的基础上制订行动计划。这些工作涉及整个公共安全领域,而不仅仅是执法部门。前面提到的"看到什么,说什么"活动提供了一个关键性的例子。

恐怖主义还使许多西方城市的应急响应机构变得"更加扁平化",不再那么等级分明。个人能够经常在部门和机构之间进行协调。例如,在美国经常能看到警察爆破组和纵火演练分队与消防危险品小组一起训练。应急管理人员、消防员和医护人员更有可能接收和审查来自融合中心和类似的情报分发系统的最新情况。

因此，可将国土安全视为这个系统的整体，旨在应对国内和国际恐怖主义构成的威胁，并减轻任何已经发生的袭击所造成的影响。美国政府将国土安全定义为全国共同努力以防止美国境内发生恐怖袭击，降低美国应对恐怖主义的隐患，将损害降至最低，并从已经发生的袭击中恢复（美国国土安全部，2002）。这个定义具有说服力，因为它涵盖了应急管理的所有阶段——预防、准备、减缓、响应和恢复。

二、关键的相似点和不同点

第一章"城市应急管理概论"中引用的西尔维斯（Sylves）的定义再次具有相关性。"应急管理"是一门关于科学、技术、规划和管理的学科和专业，旨在应对可能造成大量人员伤亡、大规模财产损失和扰乱社区生活的极端事件（Sylves，2008：5）。因此，国土安全和应急管理领域有明显的重叠。

从根本上说，它们各是一项公共安全职能，保护平民和关键基础设施免受伤害。在美国，这两个领域中也使用国家事故管理系统的指挥结构。这两个领域的专家大多数是退役军人、执法人员和消防人员。作为相对较新的研究领域，不管以何种标准来衡量，应急管理和国土安全都在短期内经历了快速发展。一个具体的例子是，在世纪之交，世界上没有一所得到认证的学院或大学提供国土安全学位；而《大西洋月刊》的一篇文章指出，截至 2016 年，此类学位项目共有 308 个（Brill，2016：64）。

特别是在美国，这种相互交织的关系在学术和业务层面都造成了一定压力。从理论上讲，国土安全似乎是更大、更广泛的应急管理职能的组成部分。然而在实际运作和组织上，联邦应急管理局现在是拥有 24 万雇员的国土安全部的一部分。尽管有些人认为联邦应急管理局应该成为一个拥有更大自治权的永久性内阁级机构——尤其是在应对 2005 年卡特里娜飓风不力之后——但这种改变并没有发生。

让联邦应急管理局重新获得重要地位的理由是应急管理和国土安全之间的一个关键区别。前者侧重风险管理的全灾种模式,后者则完全侧重故意的、人为的行为——恐怖主义错综复杂的关系。联邦应急管理局的管理模式可以说更具包容性或协调性,而国土安全部的管理模式更具军事性或指挥控制性。

需要注意的是,应急管理人员和从业人员经常会发现不同因果关系之间存在很大的重叠。例如,由于化学工厂的意外爆炸而造成的大规模伤亡事故与恐怖分子故意释放类似化学物质事件所需要的减缓和响应工作大致相同。因此,尽管这两个新兴领域之间的紧张关系肯定会持续下去,但人们在学术和业务层面上都承认它们之间的共同点肯定多于不同点。

"9·11"恐怖袭击后,美国联邦资助也发生了动态转变。从历史上来看,联邦应急管理局每年向州和地方合作伙伴发放约 1.75 亿美元(Haddow, Bullock & Coppola, 2008:305)。相比之下, 2002—2015 财年,美国国土安全部通过州和地方拨款发放了约 400 亿美元(Brill, 2016:67),比之前的资助水平提高了 15 倍多。毫无疑问,这样的转变在很大程度上是基于公众看法的。2001 年基地组织发动袭击后,美国联邦资助开始大幅增加。

欧洲的大城市面临着更大的挑战。正如 2015 年和 2016 年法国、比利时发生的一连串恐怖袭击清楚显示的那样,目前在欧洲大陆不乏心怀不满和甘愿以身试险的年轻人(袭击者都是男性)。这种状况归因于许多复杂的因素,包括少数民族族群相对缺乏融入更大的欧洲社会的能力,以及 21 世纪初对欧洲打击特别严重的全球经济衰退等。当巧舌如簧的极端分子用网上宣传的高就业率来诱惑生活相对孤立的他们,其结果可能是毁掉许多人的生活。

应急和危机管理人员在欧洲——包括企业、非营利机构和政府组织——很快陷入与几年前的北美同行类似的境地。该系统低估了恐怖主义构成的总体威胁,目前正迅速转型以迎头赶上。整个欧洲大陆的联邦开支大幅增加,执法部门在组织和功能上都更加军事化。在交通枢纽和城市中心部署了现役军人，人们期望应急管理人员能迅速学习反恐怖主义的基本知识和打击恐怖主义的政策、流程。

三、反恐怖主义、打击恐怖主义及其他

在比较应急管理和国土安全的谈话中经常提到两个术语，即反恐怖主义和打击恐怖主义。就像较大的领域本身一样，这两个术语有重叠和一致性，又有明显的差异。

可以将反恐怖主义视为阻止、制止和减轻潜在恐怖行为的努力。特定威胁分析、威慑信息传递、目标强化和减缓规划都可视为反恐怖主义的职能。

打击恐怖主义与反恐怖主义的不同之处在于，它包括采取积极或有力的行动来防止或应对恐怖主义行为。海外的无人机袭击、特种部队行动以及国内战术小组可视为履行直接的打击恐怖主义职能。

在民防成为欧洲和北美等西方国家主要安全职能的时代，在美国，有人推测，已知对于 前苏联及其华沙条约组织（Warsaw Pact）盟国——将是美国及其北大西洋公约组织（NATO）盟国的威胁。而如果所谓的冷战演变成一场热战，预计会造成灾难性的破坏，因此有必要对美国国内局势做出有控制的反应。也有人认为会有一场地缘政治危机，在发生任何此类事件之前都会有实质性预警。但，时代变了。

当今，由于极端主义的存在，主要城市地区的应急管理人员可能会参与反恐行动，就像他们可能会参加消防教育项目或恶劣天气减缓行动一样。这种参与是常见的，因为恐怖主义通常被认为是全灾种应急管理的众多威胁载体之一。在这种新的现实情况中，任何详细的风险或威胁评估都必须将故意的、没有通知的、人为造成的事故考虑在内。

第三节　城市角度

鉴于恐怖主义的既定目标是在目标人群或子群体中制造恐惧和混乱,现代恐怖袭击大多发生在高度城市化的地区就不足为奇了。评估当前的威胁状况并实施行之有效的应急管理措施是非常有价值的工具。

当前的威胁

在许多方面,恐怖主义对城市应急管理构成了独特的危害。顾名思义,恐怖行动指存在一个已知的对手,其对试图有效防止或减缓攻击具有抵抗和反击能力。与建筑物倒塌或严重风暴相比,恐怖分子是真的试图杀害响应人员,因此是一种适应性威胁。

如第四章"人为灾害和混合灾害"所述,恐怖分子利用的战术和操作流程不断演变和扩散。它们包括:

- 暗杀或有针对性的杀戮;
- 炸弹、燃烧弹或爆炸装置;
- 化学、生物或放射性释放物;
- 网络攻击;
- 劫持;
- 绑架或劫持人质;
- 破坏;
- 小单位或团体袭击;
- 以车辆为武器。

我们生活的世界要求我们对一个事故做出的任何响应都必须假定它是恐怖主义,直到证明其并非如此。应急管理人员和支援单位通常是恐怖分子的袭击目标,在部署应急措施前,应急管理人员应将二次装置或二次袭击视为非常真实的威胁。在任何涉及多部门或多管辖区的应对计划中也应包含这种充分谨慎的态度。

(一)国际恐怖主义

恐怖活动的一个主要类别是国际恐怖活动。国际恐怖活动可以定义为超越既定国界的恐怖主义行为。可能是一些人在某个国家进行规划,恐怖分子在另一个国家接受训练,资金来自第三个国家,而实际攻击则计划在第四个国家进行。

国家资助的恐怖主义是国际恐怖主义的一个重要分支。许多国家政府仅仅将恐怖行动视为军事或外交储备中的另一种武器,一种实现民族主义目标的方法。美国国务院的年度《国家恐怖主义报告》为专业应急管理人员更好地了解此类联盟提供了宝贵资源。

(二)国内恐怖主义

另一类主要的恐怖活动是国内恐怖活动。国内恐怖活动是指在单一的、既定的国家边界内发生的恐怖行为。规划、资助和袭击本身都发生在一个国家里。这些组织通常包括具有极左派或极右派意识形态的单一问题极端分子。在美国,诸如"地球解放阵线"和"主权公民运动"这样的组织在本质上是国内恐怖组织。在经历了令人费解的多年沉寂之后,联邦调查局(FBI)于 2014 年重组了美国国内恐怖行动部门以应对此类威胁。

1995 年俄克拉何马城卡车爆炸案是美国国内恐怖主义的一个例子。这是一名美国老兵犯下的罪行,他采纳了极端的反政府观点,该观点只有一小部分支持者和同情者。此次袭击导致 168 人死亡,其中包括 19 名儿童。这一事件至今仍然是美国历史上规模最大的国内恐怖主义袭击事件。

(三)"孤狼"行动

反恐怖主义和打击恐怖主义官员继续关注所谓的"孤狼"现象的出现。可粗略地将"孤狼"恐怖主义嫌疑人描述为受过最低限度正规训练或与他人有最小程度外部接触的个人。虽然他们可能怀有激进和暴力的意识形态,但这种与外界相对缺乏联系的情况使情报机构和执法机构在袭击前的规划阶段更难发现他们。这类袭击通常规模较小,与多人参与的大型袭击相比,其造成的死亡人数较少,但它们对公共安全构成了实际威胁。

2015 年 6 月,在美国南卡罗来纳州查尔斯顿的伊曼纽尔非洲卫理公会主教教堂发生的大规模枪击事件就是所谓的"孤狼"行动的例子。9 名平民在一次有预谋的袭击中丧生,袭击者是一名信奉基督教身份意识形态的极端种族主义者。这名袭击者表示,他试图用自己的行动发动一场种族战争。他本人在大规模枪击事件中幸存下来,被控犯下 33 项联邦仇恨罪,被判处死刑。

（四）混合动机

虽然总禁不住想把每一个暴力激进分子放进一个漂亮的、干净的动机"桶"里,但这根本不现实。正如现在混合灾害被归入更为传统的自然和人为灾害类别,恐怖主义行为也出现了混合动机。

越来越多的证据表明,患有精神疾病或人格危机的人更容易受到伊拉克和黎凡特伊斯兰国恐怖组织与类似激进组织在网上进行的招募和宣传活动的影响。尽管这些人可能会受到大肆抨击,但这些被巧妙包装、充满诱惑的暴力和极端主义信息使得此类行动更有可能发生。研究人员、检察官和执法人员将继续努力在激进主义导致暴力行为之前发现嫌犯身份。

这种混合型恐怖行动的一个例子是 2016 年美国佛罗里达州奥兰多的脉冲夜总会遇袭事件。这名袭击者过去曾支持、同情伊斯兰激进组织,他多次遭受感情挫折,有家庭暴力史,还可能一直在努力确定自己的性取向。所有这些因素大概在一定程度上促成他的暴力枪击行为,导致 49 名平民死亡。由于他也在袭击中丧生了,我们可能永远无法知道其确切的所受的影响或动机。

（五）最佳做法

归根结底,必须在联邦或国家层面对应急管理和国土安全职能进行有效管理。尽管最初的规划和响应将从地方一级开始——包括之前提到的所有恐怖事件——但总体目标是必不可少的。近年来,美国起草和颁布了多份文件,以解决"9·11"恐怖袭击中明显存在的规划和协调不足等问题。

美国国土安全部在 2013 年发布的《国家预防框架》中指出避免或最高限度减少恐怖行为的 7 项核心能力:

- 情报和信息共享;
- 筛选、搜索和检测;
- 阻截和破坏;
- 取证和归因;
- 规划;
- 公共信息和警告;
- 业务协调。

其中许多做法在应急管理领域,特别是信息共享、规划、公共信息和警告以及业务协调等方面具有明确的含义和责任(有关每种能力或职能的更多信息,请参见第九章"预防阶段")。还请注意,这些能力是在事故实际发生之前的一段时间内已确认的,主要植根于预防、准备和减缓阶段。

《国家响应框架》提出《美国国土安全国家战略》,列举了美国国土安全部在这一职能中的 4 个关键要素:

- 预防和破坏恐怖袭击;
- 保护美国人民和重要基础设施、关键资源;
- 对已经发生的事件做出响应并予以恢复;
- 继续巩固基础,确保长期成功。

应急管理人员同样将在这里看到许多他们熟悉的东西。以上列举的要素跨越了应急管理的多个阶段,并与国家事故管理系统模型密切一致。

因此,为履行国土安全职能做出积极贡献已成为对城市环境中高效应急管理人员的更加普遍的要求。最终这种能力大部分取决于应急管理人员的联络和沟通职能。应急管理职位通常填补了较为传统的职能之间的空缺,如执法、消防和公共工程等,并填补了其他各种机构和职能部门可能忽略的点。

融合中心也是美国应急管理的重要组成部分。融合中心是美国国土安全部确定的一项最佳做法,充当公共安全机构的信息交换所。美国大约有70家这样的机构,在美国50个州及其各主要城市至少有一家。这些中心之间以及中心与参与机构之间定期共享情报和威胁信息。2001年以前根本不存在这样一个扁平化的机构,在此,强烈鼓励应急管理人员确保充分利用其当地某个或多个中心提供的服务和能力。

在美国,每个主要管辖区至少有一个保护安全顾问(PSA)。这些国土安全部的雇员负责联邦政府和私营部门之间的联络工作,他们是保护重要基础设施和关键资源方面的主题专家。美国90%的关键基础设施由私营实体拥有或运营,每个城市应急管理人员都应当对其所在社区的这一重要资源十分熟悉。

欧盟已经建立了一个行动中心,其功能与美国的融合中心相似。该机构被称为欧盟情报分析中心,其任务是搜集和协调与欧洲大陆极端主义活动有关的情报。该中心及其行动由一名指定的反恐协调员领导,并与跨国执法机构欧洲刑警组织密切合作。

(六)谨慎前行

对于城市中心的应急管理人员,任何属实的评估都表明恐怖主义不会很快消失。在可预见的未来,外国恐怖组织和国内极端分子仍将持续构成威胁。

恐怖主义的一个非常现实的目标是促使政府和大型组织反应过度,以实施恐怖行动。这种过度的反应可能以不现实和无法维持的支出形式出现,也可能会施行严厉的法律或政策,削弱管辖区或组织的核心价值观。

正如詹金斯(Jenkins)和戈德斯(Godges)在《"9·11"的长期阴影》一书中指出的,美国一直是一个焦虑的国家,不信任当权者,倾向于看到没有的阴谋,怀疑新来者,担心他们的忠诚度。美国社会根深蒂固的政治警惕传统可以追溯到 18 世纪,有时近乎偏执。同样的特点或特征存在于民主、发达国家中所有已建立的机构里,无论是欧洲的议会制共和国,还是美国的大公司。

因此,城市应急管理人员将被要求在未来几年里谨慎行事——计划和减缓相对不可预测的威胁,但不能以牺牲其他风险或核心价值为代价进行过度补偿。在预算紧张、目标有时相互竞争的时代,这说起来容易,做起来难。

第四节 案例研究：2008 年孟买爆炸案

自称学者的哈菲兹·穆罕默德·赛义德(Hafiz Muhammad Saeed)大约在 1990 年建立了伊斯兰恐怖组织虔诚军。大约在这个时候,巴基斯坦和印度围绕有争议的克什米尔地区的冲突成为最激烈的争论点之一。虔诚军被设想为巴基斯坦及周边地区伊斯兰宗教理想的捍卫者,并很快向阿富汗和克什米尔的冲突地区提供武装人员。("虔诚军"这个名字的意思是"善良的军队"或"正义的军队",它的下级组织包括 Lashkar-I-Tayyaba 和 Lashkar-e-Tayyiba。)

2008 年 11 月,印度孟买发生了一起有充分证据的袭击事件,造成 160 多人死亡,其中包括几位著名的警官。历史上,恐怖袭击的细节很少能如此清晰地以文字、视频和音频记录下来。这些记录为我们提供了能够深入了解虔诚军运作方式的机会,从而能对这些袭击进行简要的案例研究。

在过去两年里,该组织参与了一系列针对印度的大规模袭击,包括孟买客运列车的多起爆炸,共造成 211 人死亡, 1 000 多人受伤。然而在同一时期,该组织的领导层也遭受了损失,包括阿布·萨阿德(Abu Saad)中尉被杀。

正是在这种背景下,虔诚军对他们在印度的敌人发动了一系列更大规模的袭击。根据美国联邦法院提供的证词,早在 2001—2004 年,虔诚军就开始策划这一系列袭击(Hussain & Korecki, 2011)。虔诚军一直致力于寻找一个可以实施其破坏性袭击的显著目标,最终锁定孟买。到 2008 年,虔诚军已经选择了许多具体目标,并对每个目标进行了详细的侦察(Ghosh,2010)。

大约 20 名年轻的激进分子被招募和参加训练以参与在印度的行动,最终将选出 10 人参与实际的自杀任务。这个计划相当复杂,也很微妙。他们会雇用或劫持一艘商业船只,将突击队带到孟买海岸,船上的船员会在那里丧生。一旦登陆,突击队行动人员就会散开,在城市中袭击多个引人注目的目标,在被击毙之前尽可能地制造骚动和混乱。从一开始,这 5 个两人组合的恐怖主义小组就注定有去无回。

正如随后的媒体报道大肆曝光的那样,这项计划非常成功。恐怖组织渗透到很多地方,包括一个火车站、一家生意兴隆的咖啡馆、一个犹太中心和两家豪华酒店。这些恐怖分子使用突击步枪和小型爆炸物袭击平民聚集地,还与安全部队进行了激战——安全部队最初估计武装分子的人数为 50 ~ 100 人。

HBO 电视台发行富有深刻见解的纪录片《孟买恐怖事件》,以罕见而详细的形式记录了地方当局混乱而不一致的反应。枪战持续了 3 天,基本上让一个大城市陷入停顿。泰姬玛哈酒店内火光冲天、枪声四响,这不可磨灭的画面使得许多人,包括政治评论员法里德·扎卡里亚(Fareed Zakaria)在内,将这次事件称为“印度的‘9·11’”(Reed,2009)。当硝烟最终散去,166 人(主要是平民)遇难,另有数十人受伤。

虔诚军在许多方面代表了极端主义资金和行动的先行者——21 世纪恐怖组织的原型。它通过各种渠道秘密或公开地筹集资金,为越来越多的极端分子提供军事训练,并率先采用小型部队攻击战术,这种战术在巴黎、圣伯纳迪诺和布鲁塞尔等城市多次被使用。应急管理人员必须准备好应对此类战术,以免对组织或管辖区产生影响。

虔诚军在过去几年里一直保持低调,但情报专家和反恐专家表示,该组织仍然非常完整,有能力在未来策划另一次大规模袭击,而且并不只有这一个组织拥有这种能力。

第五节 小 结

应急管理和国土安全专业是相互重叠、相互交织的专业领域,有许多相似之处,也有许多不同之处。它们是在学术和业务上各自迅速扩展的领域。

恐怖主义威胁是应急管理和国土安全从业人员共同关注的问题,必须将其纳入任何针对城市环境的完整风险评估中。最佳做法是要求应急管理人员确定和评估极端主义的类型以及这些团体使用的行动策略。2008 年 11 月发生在孟买的恐怖袭击事件说明了此类事件可能对一个主要城市中心产生的影响。

延伸阅读:

[1] Ceniceros, R. (2004). Natural, manmade disasters require similar risk planning. *Business Insurance*, 38(32).

[2] Department of Homeland Security (2013). National prevention framework. Washington, D. C.: U. S. Federal Government.

第九章

预防阶段

9

第一节　引　言

预防似乎是个有价值但又难以实现的目标。俗话说："一分预防胜似十分治疗。"在比赛临近结束时，试图保持领先优势的运动队被称为"防范型防御"。但是我们怎么知道我们是否真的阻止了有害事件的发生呢？如何让应急管理人员知道他是否成功地避免了一场灾难呢？

毕竟负面的事情是很难被证明的。如果从未对一个突发事件或灾难加以预防，我们如何提供这一事实的经验证据？

韦氏词典将预防定义为"阻止坏事发生的行为或实践"。在应急管理方面，预防可以被看作阻止灾难发生的一项或一系列行动。

无论如何定义，预防是美国应急管理的一个新兴阶段。美国国土安全部和联邦应急管理局越来越多地将预防与应急管理的其他核心阶段或任务领域（如准备、减缓、响应和恢复）平等对待，认为它们同等重要。

5个《国家规划框架》是美国国家准备系统的一部分。按照美国联邦应急管理局的规定,包括预防在内,这 5 个准备任务领域都各有一个框架。美国《国家预防框架》于 2013 年 5 月发布,补充了涉及应急管理其他阶段的类似文件,并与总体的国家准备目标一致。

第二节 分 析

除可能的准备之外,预防是几乎完全存在于灾难发生之前的唯一阶段,是充分避免潜在危机的唯一机会。从美国政府对其的重视可以看出,预防正成为应急管理的第五大支柱。

一、预防何时可行

首先值得注意的是,预防并不总是可行的。如引言中所述,应急管理的这一阶段旨在彻底阻止灾难发生。这是一个有价值的目标,但并不总是可以实现的。以下是一些指导原则。

很简单,不是所有的灾难都可以预防。飓风一旦形成,任何应急管理人员都无法使其消散。当一连串强烈的雷暴将几朵漏斗云降落到地面上时,无论它们的路径如何,我们都无法将它们推回天空。

因此,重要的是注意哪些类型的危害是可以预防的。在第三章"自然灾害和城市环境"和第四章"人为灾害和混合灾害"中提到了自然灾害、人为灾害和混合灾害的类型,其中有几个灾害似乎难以或不可能彻底预防。这类灾害主要包括与天气有关并超出了目前人类可控范围的自然灾害,如热带风暴、龙卷风、海啸和风暴潮。其他类型的灾害似乎更为复杂。

越来越多的证据表明,许多小型地震是由人类行为引起的或至少受其影响而发生的,如水力压裂。然而,更强烈的地震似乎也超出了我们的预防能力。

有些森林大火是自然生成的,有些是人为造成的,所以是有可能阻止后者对城市地区造成的威胁的。流行病往往是自然发生的,而人为因素可以影响其严重程度。

相比之下,绝大多数人为灾害和混合灾害都需要采取预防措施。许多情况下的危险物质泄漏、工程故障和网络犯罪都是可以预防的。也许最能预防的灾难就是恐怖主义。鉴于恐怖主义袭击在城市比在农村地区更为普遍,在城市环境中将预防作为'　　　阶段,其理由更加充分。

通过早期阶　　　青楚地认识到——不是所有的危害都是可以完全预防的——　　　那些可以预防的危害上。因此我们的潜在可预防危害范围被缩小到如　　　：

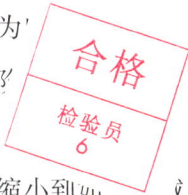

- 网络犯罪;
- 工程故障;
- 有害物质释放;
- 流行病(部分);
- 恐怖主义;
- 野火(部分)。

每一种潜在的灾难都有其独特的性质和方面,使其有可能完全得到预防。预防将取决于实际事故发生之前进行的有效评估和所采取的行动。幸运的是,这类行动有既定流程,并且从风险识别开始。

二、基于风险的预防

既然预防正成为一项主题,那么应急管理人员至关重要的第一步便是通过风险评估确定潜在的威胁和危害。为了能够预防危机或灾难,你必须先知道会对自己造成伤害的因素(Woodbury,2005)。通过风险和危害评估来确定对特定组织或管辖区的最大危害并对其进行排序,这个时间是值得花的。全面评估将对应急管理的所有阶段都有作用(额外的指导方针可参考第五章"城市地区的风险评估")。

美国国土安全部与反恐有关的预防计划是令人关注的焦点。根据"9·11"委员会报告的建议,确定了一些总体目标:

- 建立国土安全单位;
- 防范恐怖分子旅行并加强乘客筛查;
- 加强地面交通安全;
- 加强全球供应链安全;
- 检测和预防生物、辐射和核威胁;
- 保护重要基础设施。

虽然每个目标都可以被视为一项正在进行的工作,但这些可执行的高层次目标为系统性变革提供了一个有价值的基础。在这种情况下,以风险为导向的目标与应急管理的预防阶段要高度一致、紧密结合。

这使话题再次回到国家准备系统确定的目的和目标上。从本质上讲,规划必须使可用资源与潜在危害相匹配。有时预防并非完全可靠,但即使在这种情况下,评估和规划工作也会减缓已识别的危害。与准备和减缓阶段一样,预防阶段没有真正的开始或结束,它始终在某种程度上进行着。预防规划将继续是任何更大型工作的关键因素。

三、知道你有什么

对任何应急管理人员来说,结合风险或危害评估来盘点和分析其职责范围内的所有重要基础设施和关键资源是非常有益的。重要基础设施和关键资源是对安保、公共卫生与安全以及经济活力至关重要的资产。

显而易见,这包括大量的设备和设施,如发电站、水过滤厂、运输系统和政府大楼。它还包含主要象征性或标志性的地点,如国家纪念碑和文化遗产。另外需考虑物理和虚拟或网络领域对此类基础设施的威胁。

在"9·11"恐怖袭击之后的几年里,美国新成立的国土安全部认识到自己根本没有全面了解对国家安全至关重要的系统。一个更深刻的启示是,人们认识到,绝大多数可以被视为重要基础设施和关键资源的实际是私营部门的一部分。为弥补这一知识缺口,美国启动了多项计划,其中包括重要的国家基础设施保护计划(NIPP)。

重要基础设施伙伴关系咨询委员会(CIPAC)是美国联邦政府努力搜集私营部门拥有和运营重要基础设施和关键资源的更多信息的一个例子。在美国,几个特定部门委员会与国土安全部的对应机构之间相互交流,并在这些关键利益相关者之间提供双向沟通。

国土安全部与地方、州和私营部门合作伙伴建立了"数据热线",这是一项更为广泛的工作。特定管辖区内的领域专家,通常是指融合中心或应急管理的代表,负责搜集和分析其业务范围内的重要基础设施和关键资源信息。然后他们将这些信息提取并重新打包到国土安全部提供的模板中,并与该机构的基础设施保护办公室分享他们的调查结果。

通过分析特定地理区域内的资产和系统,相互依存的模式开始出现。地方一级的工作虽耗时,但极具启发性。一个由互连节点组成的庞大网络和子系统被显示出来,这使该过程对任何能够参与的应急管理人员都极为有利。

类似的年度评估是针对某一州或城市地区内的大型特别活动进行的。重要基础设施和关键资源与特殊事件信息可用来指导国家级预防、保护和恢复工作,并对大城市地区的联邦拨款资助数额影响很大。

关于重要基础设施和关键资源的联邦指南通过 2013 年的一项总统指令(Haddow,Bullock & Coppola,2008)得以更新,该指南确定 18 个关键部门或机构必须是预防和保护工作的重点:

- 化学部门;
- 商业设施部门;

- 通信部门；

- 关键制造业部门；

- 水坝部门；

- 国防工业基础部门；

- 紧急服务部门；

- 能源部门；

- 金融服务部门；

- 粮食和农业部门；

- 政府设施部门；

- 卫生保健和公共卫生部门；

- 信息技术部门；

- 核反应堆、材料和废物部门；

- 行业专门机构；

- 运输系统部门；

- 水和废水系统部门；

- 选举系统（截至 2017 年）。

毫无疑问，这是应急管理与国土安全之间的界限开始变得模糊的一个方面。虽然应急管理遵循全灾种模式，并且国土安全主要关注恐怖威胁，但这两个领域在预防阶段实际上是一致的（更多有关国土安全与应急管理之间关系的信息，参见第八章"城市地区的应急管理与国土安全"）。

因此，一个真正有效的预防模式不仅要注意风险或危害，而且要把资源集中在组织或管辖权的核心、关键因素上。预防重要基础设施和关键资源资产的损失或损坏是公共安全官员的首要任务。

四、国土安全部预防模式

《国家预防框架》于 2013 年发布，是美国联邦政府进行灾害预防的指导性文件。虽然该文件重点强调恐怖主义,但其经验教训当然也适用于其他可预防的危害。

该指南是通过一系列正式文件发展而来的,其中包括《国土安全预防指南》和《国家准备指南》。在整个发展过程中,预防的任务领域集中于少数职能,包括威胁分析、执法和信息共享。《国家预防框架》介绍了预防人为灾害所需的 7 项核心能力,每项能力都值得进一步审查。

(一)情报与信息共享

该框架确定的第一个核心能力是情报能力。在这种情况下,情报是指与特定或迫在眉睫的威胁有关的及时、准确和可采取行动的信息。从应急管理的角度来看,这可能涉及处理、分析和评估与即将发生的事件相关的信息。这种能力基于应急管理人员与公共、私营和非营利部门的各种实体进行交互的能力,以及识别可能表明即将发生技术故障或恐怖主义行为的"异常"信息的能力。

(二)筛选、搜索和检测

该能力涉及通过观察和搜索来识别、发现或定位迫在眉睫的威胁。虽然这类活动明显更侧重于执法部门和私营安全部门应对恐怖主义威胁,但也可能涉及工程故障、流行病、有害物质释放和野火等领域的应急管理人员。在组织或管辖区内,机警的应急管理人员将在此类危险的任何发生条件成熟时将其识别。

(三)拦截和破坏

从恐怖主义的角度来看,这一能力涉及转移、拦截、阻止或逮捕潜在袭击中涉及的人员或物资。这项特殊的执法职能是在传统的反恐行动中,全副武装(和装甲)的警察部队积极拦截进行中的阴谋。从应急管理的角度来看,它还可以转化为直接行动,如在危险品容器破裂之前保护它或者在桥梁倒塌前将其加固。无论是在国土安全还是在应急管理方面,拦截都意味着在该领域采取果断的行动。

（四）取证和归因

取证和归因仅仅是指使用过去的资料来防止未来的事件。这可以是从犯罪现场搜集物证,或者将这些资料与情报数据结合起来。其目标是从过去的行为中吸取教训,以防止将来发生同类型的事件。应急管理人员希望将这些技能转换到工程故障上。例如,如果一座桥梁的故障最初归因于建筑中使用的扣板类型,就应检查其他使用同类型扣板的桥梁,以防止今后发生类似的故障。

（五）规划

此背景下的规划与制订危机行动计划有关。这些计划可以在很短的时间内实施。在恐怖主义领域,规划使我们可以在发现即将发生的阴谋时部署预先计划的备选方案。在应急管理方面,它涉及针对网络犯罪、人为火灾等具体可预防危险的职能计划或附件。换句话说,预先设定的计划可以在一个既定危险被确定升级或即将发生的瞬间被实施。

（六）公共信息与警告

该能力涉及向公众或特定的小团体(或部门)提供协调、迅速和可靠的信息。不管威胁或危害是怎样的,这种能力对城市应急管理人员来说都至关重要。就预防而言,这种消息传递和警告的能力将使涉众能接收到特定威胁的警报。理想情况下,例如在"看到什么,说什么"的活动中,这种能力应该被视为一种双向路径。

（七）业务协调

这种能力是指统一协调的指挥结构。按照国家事故管理系统模式,在面临紧急威胁时,业务协调将最高限度地统一行动。如果任何可预防的威胁发生的可能性增大,则这种以行动为中心的模式将是适用和有用的。

五、各级职责

美国国土安全部的《国家预防框架》和其他预防性规划文件的核心概念是

共同责任。没有一个机构或组织有能力规避所有被列为潜在可预防的危害。

个人和社区可以通过保持对其最了解的社区的观察,并与地方当局分享所有有关事态发展的信息,来帮助预防灾难。这可能包括任何事情,如从隧道墙上剥落的混凝土到被送到空置房屋的可疑化学物质。这方面的意识可用于预防即将发生的结构性倒塌或恐怖事件。

非营利组织、非政府组织和企业也有类似的期望,但可能也拥有额外的专业能力。这可能包括利用他们内部学者的专业知识,或者在其有影响力的社区内帮助推广反恐或反暴力项目。

地方政府在其管辖区内提供执法、灭火、医疗响应、公共工程和应急管理等服务。地方政府还可以与相邻的管辖区协调预防工作,并可运营融合中心或类似的情报共享设施。

美国各州政府协调预防活动,以支持其管辖区内的城市地区,并运营融合中心,将其作为更大规模的国家网络的一部分。它们也有专门的组成单位,可能包括执法、取证、工程和情报单位。这些单位在许多与预防有关的核心能力方面特别有促进作用。

《国家预防框架》还详细介绍了如何确定紧迫的威胁,或那些情报或行动信息认为可信、具体、已紧迫得有必要采取额外措施以挫败任何攻击的威胁(*Department of Homeland Security*,2013:3)。这些信息可以通过联邦情报来源、部署的执法人员、私营实体或公众来获取。

最后,美国联邦政府在预防潜在灾难方面拥有广泛的能力。在美国,国家情报机构(IC)与国防部、国务院、联邦调查局、国土安全部和美国特勤局都有专门的部门,能够拦截或预防大规模恐怖主义或网络犯罪事件。美国能源部、运输部和美国工程兵团都有能够预防基础设施故障的专家。美国疾病控制与预防中心、美国卫生部和公共服务部都有较强的能力来检测和阻断潜在的流行病。

六、预防资源

在西方国家,特别是在美国,政客们给公众设定了这样的期望:恐怖主义(以及其他人为威胁)是可以预防的。应急管理人员可以获得广泛的资源,以提高其方案在预防方面的站位。这些资源包括指导文件和培训方案,以及增加的公众参与度。

(一)文件与培训

与预防有关的文件和指南也变得越来越普遍,且容易获得。上述《国家预防框架》对与恐怖主义有关的事件的预防活动进行了全面审查。美国联邦应急管理局通过其主要网站提供了该文件和更加全面地涵盖了应急管理五个阶段的《国家规划框架》。更广泛地说,美国国家准备系统试图在全国范围内应用一种全灾种模式。

美国联邦应急管理局的应急管理学院(EMI)为应急管理人员提供了其他相关课程,以改进其预防工作。许多在线课程包含了强有力的、针对特定危害的预防要素,如"工作场所暴力意识"和"重要基础设施安全:盗窃和转移"。美国联邦应急管理局的全国培训和教育部门列出了不少于66门预防任务领域的课程,比其他任何领域都多。

并非所有的培训项目都必须像经过认证的大学课程那样正式,或者作为美国联邦应急管理学院课程的一部分提供给公众。许多执法机构和融合中心特别针对预防恐怖主义制订了自己的内部培训项目或采用、调整联邦课程,以更好地适应他们的需要。如美国芝加哥警察局主办的恐怖主义意识和响应学院(TARA),它包含了特别有用的拦截和预防要素。应急管理人员不应为获得此类重要培训所需的批准而羞于寻求当地执法或消防资源的帮助。

训练和演习代表另一项重要的培训内容。只有在通过训练和演习的全面测试与审查后,公司或管辖区的应急行动计划才能被认为是可靠的或准确的。

许多此类活动将围绕公共卫生或执法等相关职能展开。一名城市应急管理人员需具备全面危机处理的综合知识。因此,这种培训非常有价值。

(二)融合中心

对美国大城市的应急管理人员来说,另一个重要的资源是融合中心网络。融合中心在本质上是一个位于重要的管辖区内的跨部门情报和分析中心。截至2016年,美国有70多家融合中心,每个州的首府和主要大都市区至少有一家。

"9·11"恐怖袭击之后,美国许多机构,尤其是情报机构,因未能在阴谋实施前跟踪"连接点"而受到抨击。美国努力协调,在整个情报机构和执法机构之间开辟横向和纵向的有效沟通渠道。其中最成功的概念之一是在这些部门保护的社区中设置某种类型的现场分析办公室。融合中心的想法诞生了。

"如果你见过一个,你就见过所有的",这是老生常谈,但美国情报人员会说,"如果你见过一个融合中心,你就只见过一个融合中心"。这是因为,虽然有一个通用国家标准的总体目标,但各管辖区和主办机构在其特定融合中心的结构和总体安排上有很大的自由。

从应急管理人员的角度来看,他所在的本地融合中心很可能提供一系列关于威胁的情报和分析,而不仅仅局限于国土安全。代表机构可能包括地方、州和联邦执法实体,其他技能可能包括消防或公共卫生方面的。绝大多数融合中心评估和分析每个针对重要基础设施或公共集会的威胁,这种职能上的重叠使它们成为大多数城市地区优秀的潜在应急管理合作伙伴和资源。在理想情况下,这种交流不仅使其成为结果简报和警报的客户,还可以使其成为值得信赖的主题专家。

与当地融合中心没有固定关系的应急管理人员可能必须迈出第一步,并提供初步介绍。刚开始共享信息可能需要审核或背景调查。许多欧洲和亚洲国家都有类似的项目和设施,这对公共、私营或非营利部门的应急管理人员都是有利的。

（三）公众的见闻

如前所述,整体预防工作由重要的公共信息和警报组成,但这并不意味着公众应多疑或被迫相互监视。

相反,平民是他们各自所处领域的主人。他们都受过教育,他们知道每天上下班或者晚上行走在街道期间什么情况是正常的。在预防人为和混合紧急情况方面,该群体代表了巨大的、未被充分利用的资源。值得注意的是,公众意识是美国国土安全部战略计划中列出的首要目标。

由纽约大都会交通管理局(MTA)推出的"看到什么,说什么"计划再次值得一提。它操作简单,因此在美国全国范围内被广泛采用。每天上下班的人可以知道他们平时去的车站或乘坐的火车是否不对劲。他们只需要被授权如何有效地报告这些信息。

归根结底,预防根本不是一个相对较小的应急管理社区所能承受的负担和所能肩负的期望。平民、学者、民选官员和执法伙伴都将在现代城市中心的防灾工作中发挥绝对关键的作用。一系列有效应对恐怖主义威胁的战术、技术和程序也被证明对其他可预防的危害有用。

第三节　案例研究：网络入侵

一、案例

在 2015 年圣诞节前,国际黑客成功关闭了乌克兰的一部分电网。因此,乌克兰事件可作为预防失败的一个案例来研究。

国际调查人员认为,这次袭击计划了好几个月,包括 12 月实施实际破坏之前对目标网络进行的多次调查。大部分非法访问都是通过漫长的"鱼叉式网络钓鱼"攻势获得的。该攻势针对的是乌克兰公共工程机构的管理人员和信息技术员工。虚假但看起来出自官方的信息被发送给目标个人。如果这些官员点击了电子邮件中嵌入的一个链接,他们的电脑里就会被安装一个名为"黑暗力量3(BlackEnergy 3)"的程序的隐秘版,程序会在他们的电脑后台运行。然后,这些恶意软件就可以让黑客登录目标公用事业的管理网络。

然而,他们这次并没有达到目的。因为乌克兰运营商设置了一系列电子安全防火墙,将管理系统与实际控制电网的监控和数据采集(SCADA)网络分开。不过最终,黑客们找到了入侵电网监控和数据采集系统的方法,并确定了如何最好地破坏更大的系统。因此,这次事件成为错失预防机会的一个实例。

实际的攻击是首先使备用电源系统失效,然后破坏位于变电站的变流器。转换器的原始基础编程或固件被一个新的恶意固件覆盖,该固件无法识别来自三个区域控制中心的命令。在隆冬期间,总计超过200 000名平民的家被切断了电源。乌克兰公共工程管理人员起初不知道如何重新接通电源(受影响的断路器最终恢复了逐点手动操作)。雪上加霜的是,黑客们还让计算机生成的虚假电话涌入这一公用事业的客服中心,成功使其离线。这开启了直接威胁监控和数据采集系统的新纪元,而该系统对公司和公共部门的应急管理人员至关重要。

二、分析和调查

这样的网络攻击会发生在西欧国家或美国吗?答案是:会的。在乌克兰运行的同一类型的监控和数据采集软件在其他多个地点运行。《连线》(Wired)杂志指出,一些调查人员表示,乌克兰现有的防火墙和安全协议超过了大多数美国运营商的防火墙和安全协议(Zetter, 2016)。鉴于同一黑客组织成员多次试图干预2016年美国大选,其拥有这种破坏能力的愿望和意图是非常明显的。

美国联邦政府必定认真对待这一威胁。美国国家基础设施保护中心

（NIPC）成立于1998年，旨在保护重要系统，并且自成立以来已取得重大进展。这是一个设在美国联邦调查局总部的跨部门业务机构，是众多侧重于分析、保护和预防的业务机构之一。在美国，国家基础设施保护中心专门关注网络犯罪，联邦调查局、美国情报机构和私营部门都给予它支持。

2002年1月，也就是"9·11"恐怖袭击事件发生仅几个月后，该机构就发出警告，称恐怖分子可能试图利用"鱼叉式网络钓鱼"攻势或类似的网络漏洞来访问美国重要的公用事业系统。此后不久，在国会作证时，特工菲利普·托马斯（Philip Thomas）讨论了该中心对重要基础设施和关键资源的关注。"国家基础设施和计算机入侵计划还起到了防止恐怖主义行为的作用。国家基础设施保护中心的'关键资产倡议'的重点包括资产的识别和保护，以及计算机入侵的预防和检测。资产包括主要的电力、通信、供水设施、交通枢纽、发电厂和其他基础设施。这些设施有助于社会活动，其一旦受到攻击，将构成重大损失或破坏。"（Thomas，2002）

国家基础设施保护中心被指控没有有效地分享它收到的信息，但这种声誉似乎正在改善。至少从1998年起，美国联邦政府就承认网络攻击是一种潜在威胁，这在某种程度上是一个令人鼓舞的迹象。2009年，美国网络司令部成立，隶属于战略司令部的武装部队司令部。在关注国家安全问题的同时，这项工作将把和国家基础设施保护中心有类似目的、目标的国防部的各种资源整合起来。

网络司令部和国家基础设施保护中心的重要目标是在这些攻击实现之前阻止它们。预防此类破坏显然要比在其发生后再处理更好应对。毕竟，芝加哥和底特律的冬天要比乌克兰西部冷得多。

三、案例研究总结

防止或拦截恶意的国际活动者是联邦政府的责任。然而，这项职责似乎是由美国和欧洲的多个部门共同承担的。这种直接问责制的缺失往往预示着无法阻止特定威胁的发生。有确凿证据表明，2015年年底，国际黑客摧毁了乌克兰大部分的电网。鉴于此，很明显美国和欧洲机构需要加强对预防工作的关注。

通常，应急管理人员不需要是计算机系统专家。然而，乌克兰事件证明预防对重要基础设施的运行至关重要。现代应急管理人员应该具有很高的技术素养。因为如果不能防止其组织或管辖区遭受这类网络入侵的话，其周围的物质世界就会受到非常实际的影响。

第四节 结论和启示

预防阶段是应急管理人员避免重大紧急情况或灾难的真正机会。简要列出城市环境中的实际预防注意事项是很有必要的。

一、采用"同心圆"模式

没有一个应急管理的阶段能够提供所有的解决方案。正如乌克兰的网络案例所证明的那样，并非在所有情况下都能确保防范已知的危险。因此，预防应被视为一个目标或目的，而不是针对每一个危险或威胁的独立解决办法。需要记住的是应急管理是一个循环，每个阶段都可能与其他阶段重叠。一个全面的应急计划必须是完整的。

二、熟悉所在区域的基础设施

全面的危害和风险评估是每位应急管理人员必备的技能。在其组织或管辖区内成为其重要基础设施领域的专家，对于应急管理人员也至关重要。在分配时间和资产以保障重要操作的开展时，确切知道哪些齿轮对整个机器的功能最重要是非常宝贵的。懂得为维护更大的利益而必须保护哪些东西,可以让应急管理人员在承受压力的同时做出非常清晰的决策。

三、与警方和消防人员合作

公共安全机构之间有着传统的划分:警察、消防员、医护人员和应急管理人员。这种划分对公共安全存在威胁,人们应该欣然将其打破。在找到可以与之合作的个体之前,请不要轻易拒绝其他部门,而应继续主动向其他部门示好。对于已经证明自己是可靠的团队成员的应急管理人员来说,地方或州融合中心是特别有益的合作伙伴。

四、成为他人的资源

每一个城市应急管理机构都应该有几个"主力"。当其他机构或组织有信息要共享或需要他人提供信息时,就会想到这些人。有能力的应急管理人员可以跨多个部门或业务线证明其价值,如生命安全、风险管理、恢复能力、安保和后勤。在预防危机或灾难时,这种程度的信任尤其重要。

五、跳出思维定式

在这个预算缩减和公众观念改变的世界里,寻找新的做事方式是非常值得的。把伙伴关系作为力量倍增器,让拥有不同专业知识的人员来应对挑战。不要害怕身兼数职,不要害怕当演说家、资助撰稿人、联络员或后勤专家。预防就是要走到危害前面,这可能需要用新的方式来看待问题。

第五节　小　结

预防阶段正成为应急管理的第五个支柱。它提供了一种很令人向往的可能性,即许多灾难是可以预防的。在对风险和危害进行全面评估的同时应对重要基础设施和关键资源进行分析。

美国国土安全部确认了 18 个需要保护的关键部门和 7 种实现预防目标的核心能力。一项关于未能阻止乌克兰网络攻击的案例研究证明,预防必须与应急管理的其他阶段结合起来使用,以确保最大可能地取得积极结果。

延伸阅读:

[1] Department of Homeland Security. (2011). Implementing 9/11 Commission recommendations.

[2] Federal Emergency Management Administration. (2013).

第十章

准备阶段

10

第一节　引　言

　　对不同的人来说,做好准备的意义是不同的。我们很多人可能会回想起青少年时期童子军活动的座右铭,"时刻准备着"。你也有可能想到本杰明·富兰克林(Benjamin Franklin)的那句名言,"没有准备的人,就是在准备失败。"再或者它会让你想起著名发明家(十分注重细节的人)亚历山大·格雷厄姆·贝尔(Alexander Graham Bell)的名言,"在做任何事情之前,准备是成功的关键"。

　　无论你脑中浮现怎样的画面或者名言,有准备永远都如日常必需品一般有着毋庸置疑的必要价值。韦氏词典对该术语的定义是"为某事做好准备的事实",因此,做好准备总是与某些未来事件不可避免地联系在一起。在应急管理领域,有准备被定义为对灾难、危机或其他任意形式的紧急情况做出迅捷反应的状态(Haddow, Bullock & Coppola, 2008:183)。

　　无论如何定义,准备都是应急管理的重要基石。准备的周期主要包含4个核心阶段——评估、规划、预备和评价。所有这些给该领域的学生和从业者带来了核心问题:真正的准备工作是什么样子的? 我如何做到这些?

第二节　分　析

人们普遍认为准备是应急管理周期的第一个阶段,但它没有得到应有的重视。除了预防之外,准备是几乎唯一存在于灾难袭击之前的阶段,也是一个组织为应对潜在危机做好准备的为数不多的机会之一。哈多(Haddow)等人对准备的定义包括准备状态,该定义至今仍然有用(Haddow et al.,2008:183)。事实上,术语"准备"和"准备就绪"经常被互换使用。

这是关于准备阶段的一个重要见解:它代表了一个组织做好准备渡过难关的主要机会。米特洛夫(Mitroff)同意这一观点,他指出,当一个组织做好了基本的准备,那么"它的主要业务目标发生大幅偏差的可能性也将降低"(Mitroff,2001:29)。

但什么是真正的准备? 一个组织或管辖区该如何开始准备? 答案大部分取决于该组织面临的危机和危害。一家企业有可能面临召回产品、工伤事故、被联合抵制、来自对手的恶意收购以及员工罢工的危险。而一个政府的管辖区有可能面临如自然灾害、国内动乱或有害物质泄露等危险。

一、开始启动

因此,准备工作中关键的第一步是通过风险评估来确定潜在的威胁和危害。"风险评估"这个术语主要是指评估风险的过程或者方法(Haddow et al.,2008:68)。从本质上讲,要为危机或灾难做好准备,你必须知道什么会伤害你。因此,做准备工作时首先要确定对某一特定组织的最大危害并对其进行排序。这些危害可能是自然的,也可能是人为的,并且会随着地理位置、商业类型、规模等的不同而发生很大变化。应急管理的结果和效果将高度依赖这种全面的分析(更多信息可参见第五章"城市地区的风险评估")。

在确定了最有可能产生或危害最大的威胁与危害后,组织必须马上开始着手应对潜在的影响。这是准备工作的一部分,包括尽一切内部努力去预防这些既定威胁和危害。实质上,必须进行规划,从而使可用的资源与潜在的危险相匹配。这一过程直接引入应急和危机管理的下一个阶段。

有效响应的关键因素之一是之前发生的事情。哈多(Haddow)等人将"准备"定义为"一种在面对灾难、危机和其他任何紧急状况时做出的准备就绪状态"(Haddow et al.,2008:183),将"减缓"定义为"减少或消除灾害及其影响对人员和财产造成的风险的持续行动"(Haddow et al.,2008:75)。因此,这两个阶段需要在大规模事件发生之前到位。

这使重点再次回到国家响应系统/框架确定的目的和目标上。任何综合、全面的应急管理方案都必须包括详细的风险和危害分析,直接为减缓和准备工作提供信息。在许多方面,风险和隐患评估过程可能被视为准备工作所特有的。评估是准备阶段的第一个核心原则。识别出潜在威胁和危害后,可制定将其最小化或消除的策略。

二、制订一个或更多计划

在美国,对当地、州、部落以及联邦准备方案的呼吁一直是"制订计划、创建工具包和获取信息"的某种变体。这个简单的评估为下一步针对危机或紧急情况做准备提供了深刻见解。

无论是为个人、家庭、组织还是管辖区应急做好准备,一份应急行动计划都是非常重要的。对个人来说,第一步可能只是准备占一页纸的紧急联系电话、药品以及会议地点的清单,可以轻松将其放入钱包携带。对组织或管辖区来说,则需要做相当多的工作,最终产生一个全面的应急行动计划。作为一名应急管理人员,我们的职责就是不断地推动规划工作的实施与完成。规划是准备阶段的第二个核心原则。

接下来的步骤再次显示了个体和组织准备之间的连续性。为个人准备的"工具包"可能包括极为基本的物品,如食物、水、药品、急救箱、步行鞋和婴儿用品。同样,管辖区和组织也在使用同一概念的放大版本。风险和隐患评估与应急计划将根据几个关键问题为做这一级别的决策提供信息。

哪些隐患对正常操作来说是真正的风险?什么样的冗余或材料可以减少或消除这种干扰?那些后备供应或操作如何以及在何处到位?

我们应诚实回答这些问题,并根据结果采取行动。预备是准备阶段的第三个核心原则。毫无疑问,它也是劳动最密集、成本最高的原则。真正的准备工作可能需要改变组织内的现有过程或程序,而这种改变总是会受到组织内部机制的抵制。它也可能涉及储备物资供应,或者购买可用于危急时刻的新设备或软件。这样的花销也可能推动抵制行为。准备工作始终需要额外的培训、训练或演习,以便应急管理人员了解并有效使用新的应用程序和设备。

评价是准备阶段的第四个也是最后一个核心原则。一旦进行了评估,制订了计划并做了准备,就必须诚恳地审查结果。同样,对个人来说,这可能只是简单地评估其准备工作,并确定哪些方面需要改进。对一个组织或管辖区而言,它应包括对所有威胁和隐患的评估,对由此产生的所有规划或设备的改进以及所有培训或人事方案的彻底审查和重新评估。

在许多方面,准备可被视为应急管理周期的第一步。在所有管理良好的组织和管辖区内,这也是个不变因素。即使在事件的响应、恢复或减缓阶段,一位优秀的应急管理人员也会为应对下一次危机做准备。

在应急管理中,准备往往也是一项成本效益很高的职能。连同减缓和预防一起,准备可以在某一既定危机爆发之前产生重大影响。最终,准备工作直接关系到对某一既定危害进行规划和响应的效率。

通常,这种危害相当明显,可以直接将其解决。正如菲舍尔(Fischer)和格林(Green)指出的,"对于既定的地点,威胁也许是相对可预测的,例如爆炸、有害物质泄漏的可能性"（Fischer & Green,1998:293）。

然而,并非所有的危害都如此明显,这就是为什么准备阶段对于应急管理人员是如此重要和有用的工具。该阶段的总体功能包括评估、规划、预备和评价。然而,它的核心是一组可导致更大型的全面准备的直接行动。这些行动包括威胁评估、隐患评估、确定不足和需求、实施改进、演习和培训,以及重新评估进展。

正是这些具体行动使准备阶段比学术活动更有意义。事实上,它是一个非常实用的工具,有助于提高应急管理人员对各类威胁和危害的响应能力。

已有的多个专业组织和规划文件对一名专业的应急管理人员来说是非常有用的。通常没有必要另起炉灶。其中一个例子是, 2016 年年底美国国家校园公共安全中心发布了《全国高等教育应急管理方案需求评估》。基于对大学安全专业人员的广泛调查,该评估包括对高等教育部门的调查结果和建议,以及可能的资源和相关组织的清单。这仅仅是现有的众多此类研究和指导中的一个部门的样本(更多有关跨部门协作的信息,请参阅第七章"城市环境中的合作")。

与任何周期一样,准备没有真正的开始和结束。一旦对前期工作进行了实际审查,高效的应急管理人员会直接投入对其组织的威胁与隐患的评估中。回顾一下,准备工作的核心内容有:

- 识别威胁和危害;
- 规划应对风险;
- 计划行动的准备;
- 过程评估。

三、服务整个社区

美国联邦应急管理局在新千年伊始进行准备流程时,认识到一个不足之处。无论在灾难发生前、发生时还是发生后，都无法将很大一部分美国人归类到一个通用或标准化的群体，并给予其相同的待遇。居民不是单一的，因此他们不能在真正意义上被当作具有同等能力的单个群体来对待。

这一事实在 2005 年卡特里娜飓风期间美国应急管理系统整体灾难性失灵时表现得再清楚不过了（更多信息请参见第二章"应急管理的发展和历史"中的案例研究）。墨西哥湾沿岸的绝大多数死亡人口以某种严重而明显的方式处于不利地位，这直接导致这些亚群体的死亡率较高。

美国联邦、州和地方各级应急规划人员认识到"一刀切"的应急行动计划注定会失败。他们已做出很大努力，查明和了解危险人群，并确定如何最好地将这些小群体纳入应急规划总体状况。美国联邦应急管理局称这一努力是"整个社区"的。

正如哈多（Haddow）等人指出的，没有一套设定的标准会自动划分哪些构成或不构成特殊需求人群（Haddow et al., 2008:192）。每个社区都有责任确定在真实危机中可能需要额外或加速援助的群体。部分清单包括：

- 儿童；

- 老人；

- 慢性病患者或住院患者；

- 残障人士；

- 移民人员；

- 非英语母语人群；

- 少数民族；

- 穷人或流浪者；

- 文盲；

- 精神疾病患者；

- 囚犯。

其他的群体可能包括流动的或不熟悉特定区域的人群,如住在酒店的游客或住在宿舍的大学生。规划人员很快认识到,整个社区应急管理成功的关键是做好准备和外联。如果灾难已经发生,那么这些群体中每个人的处境都将非常不利,此时就需要采取更加积极主动的方法。

正因为它具有事前的特性,准备是应急管理的理想阶段。在这一阶段,可以对特殊需求的个体进行封锁。应对这些无数的挑战并没有明确而简单的途径,必须在危机发生之前对具体问题做具体分析。不过,有几项大体的策略可能会有效地推进整个社区规划,包括:

- 提供图表形式和多种语言的关键材料;
- 预先登记个人的需求和地点;
- 有效的群众信息收发系统;
- 为急救人员和志愿者提供伤残培训;
- 为残障人士提供特殊的经过测试的交通工具;
- 与酒店管理和宿舍管理部门保持积极的合作关系;
- 为被监禁的疏散人员准备特殊交通工具和避难所;
- 与残障专家、残障人士关爱者建立积极的合作关系;
- 为幼小或患精神疾病的疏散者准备特殊保护设施及陪护者;
- 避难所提供关键的辅助设施及常用药物。

尽管这份清单并非包罗万象,但它为应急管理人员应对一些常见挑战提供了有效起点。再次强调,在准备阶段,应急管理人员与非营利部门和志愿者群体的主题专家建立强有力的合作关系是至关重要的。在危机期间,他们的知识和援助对有特殊需求的人群来说是十分关键的。

四、我应何去何从?

应急管理人员,特别是处在城市环境的应急管理人员,面临的最典型的也是最常见的困境之一便是选择发布疏散命令还是在当地设立避难所。虽然实际的疏散与避难将在减缓或响应阶段进行,但在大规模事件发生以前进行规划和教育至关重要。

集中的平民人口为应急管理人员带来了独特的挑战。在美国,关于民选官员或公共安全机构负责人下令强制疏散的权力,各州和各地区的法律和立法规定各不相同。研究表明,无论是强制性的还是建议性的指导,超过20%的人会忽略或者故意不遵从这样的指导。尽管疏散和避难是公共安全机构的两个重要工具,但实际上,人们很固执,有时不能从自己的最佳利益出发采取行动。

尽管面临这些挑战,疏散和避难仍然是应急管理人员的武器库中最强大的两种武器。这样的计划允许当局要么让民众转移到远离危险的地方,要么让他们躲起来直到最严重的危险过去。预先规划是绝对重要的,通知和公共教育也是如此。

城市应急管理人员的第一步工作应当是一如既往地进行全面、真实的风险评估。规划过程的下一步是把可能的风险和危害列入疏散栏或避难栏。虽然所有的紧急情况都是独一无二的,但它们的共性使大多数危险都可以被预先指示出来。

在没有预警的恶劣天气事件如龙卷风发生,或危险物质泄露导致室外空气质量直接危及健康时,通常需要为人们提供庇护所。提供庇护所基本上可以让风险过去,或由响应人员减缓或消除风险,而平民留在一个相对安全的地方。

能提前提供一些通知的事故,如飓风和海啸,需要疏散平民人口。另一种常见的疏散驱动类型是基础设施受损,如天然气泄漏或地震造成的基础设施结构性破坏。从本质上说,公民只有在遇到紧急危险时才应该被转移。每一名应急管理人员都应该有一份简短的清单,列明其组织或管辖区所面临的危险,疏散或就地避难是最可能被建议的行动方案。

还应当指出的是,这种权力范围在美国是根据各个州或者各个管辖区的具体情况而定的。在美国一些地方,市长或州长有权在紧急状态下发布强制性疏散命令,或命令所有非政府车辆禁止上路。在其他管辖区,这项权力仅限为指导或建议。必须在当前的应急行动计划中详细列出这些权力,并向当选的高级官员和公共安全官员简要说明其法律权力的范围或限制。

在疏散或重新安置人群的过程中,运输方式的选择至关重要,特别是对无法使用私家车的人群。针对多种运输方式,包括公共汽车或火车运输,应签订明确的协议,如签署的合同或经公证的谅解备忘录。任何有效的应急行动计划都必须考虑到在很短的时间内转移大量的人,并且应该考虑所有可能的路线。

一些特殊人群如医院里无法转移的病人可能根本无法疏散,他们将被要求就地避难。一项周密的应急行动计划应该考虑到这些人群的避难点,并将它们作为紧急情况响应阶段的头等大事。

五、恢复力

准备的另一个形式是恢复力,指的是使一个地方或事物更能抵抗损毁或破坏。这可能意味着针对特定威胁增强(有时称为强化)特定资源。它也可以指构建系统冗余,使单个资产或节点的独特性(或重要性质)最小化。

在公共部门,这种工作通常被称为政府的连续性(COG)或行动的连续性(COOP)。特别是在"9·11"恐怖袭击事件之后,美国政府机构更加关注重要基础设施和服务(Haddow et al.,2008:208)。

私营部门也在很大程度上接受了这一概念,采取了业务连续性工作形式。从本质上说,业务连续性规划是指记录在危机期间和危机之后维持公司或组织运行所必需的过程和程序。它通常涉及冗余数据存储、替代工作地点和交叉培训人员。业务连续性或业务弹性计划的最终目标是零恢复时间。换句话说,即使面临严重的危险,故障转移系统也会立即到位,消除任何对组织造成重大破坏的事故。

目前有多个专业组织为该领域的专家提供服务,包括应急规划师协会(ACP)、业务连续性规划师协会(BCPA)和业务恢复规划师协会(BRPA)。私营部门在这方面的规划大体上仍领先于公共部门,强烈建议应急管理人员利用好同行专业人员。

虽然这种恢复力和连续性工作始于应急管理的准备阶段,但在减缓、响应和恢复阶段,其也将被证明是极其重要的。

六、培训与教育

准备工作的核心应用之一是培训和教育。这一过程不仅适用于应急管理人员及其同伴,也适用于公众。公共安全官员的最好的盟友是受过教育、有准备的民众。

令所有读者震惊的是,这样的项目建立在一个组织或管辖区的风险评估和应急行动计划之上。一旦完成,这些将成为一个关于培训和教育计划的有效指导文件。这样的项目应该关注其母公司所面临的危害和风险。

美国联邦应急管理局的应急管理研究所(EMI)提供了一个很好的示范点。应急管理研究所是世界上最好的公共安全培训机构之一,位于马里兰州埃米茨堡郊区,那里以前是一所大学的校园。该机构提供了100门在线和驻校课程,培训了数千名应急管理人员、官员和志愿者。此外,经认证的应急管理研究所教师还会到美国各州、部落和地方管辖区进行专业培训。

虽然课程的重点直接放在应急管理和美国国家事故管理系统上,但参与者和学生包括许多专业人员,如民选官员、国民警卫队队员、消防员和执法人员。这些课程还包含特定危害主题,提供应对现实世界的飓风、龙卷风和地震的经验教训。鉴于其所提供的课程的深度与广度,应急管理人员无疑应当将应急管理研究所视为一项重要的培训和教育资源。

随着应急管理这一相对年轻的领域越来越被广泛接受并证明其实用性,大学层次的课程数量也在成倍增长。事实上,应急管理研究所已经通过其高等教育项目与多家机构合作(Haddow et al., 2008:196)。

应急管理在21世纪初只有屈指可数的几门课程或文凭,目前《应急管理》

（*Emergency Management*）杂志列出了至少 70 所经认证的高等教育机构,已提供了约 300 个学位。每学期,随着额外的课程、院系、学位和证书的增加,上面的数据都在增长。现在应急和危机管理专业的学生和从业人员有了正式的教育机会,而这在 10 年前是根本不存在的。

然而,并不是所有的培训项目都必须上升到应急管理研究所高级课程或者大学课程的复杂程度。多个管辖区已经为响应者和志愿者制订了内部培训计划或已经采用和调整了联邦课程,以便更好地满足他们的需求。有多少应急管理人员,就有多少可变因素。

社区应急小组(CERT)项目就是这种培训的一个例子。社区应急小组成员都是社区志愿者,他们接受一些基本应急管理主题的免费实践和课堂培训,包括急救、轻型搜救和基本消防。该项目的毕业生将被分配到不同地区的小组,在出现重大紧急情况时充当"第二响应者"。通常情况是,在发生危机时,警察、消防员和应急医疗技术人员经常忙于处理紧急情况,无法提供额外服务。在欧洲,欧洲志愿服务/伊拉斯谟+项目提供了一些大致对等的机会(有关"社区应急响应小组"的更多信息,请参阅本章结尾处的简要案例研究)。

（一）训练和演习

整体训练的另一个关键因素是训练和演习现有计划的概念。如果应急行动计划没有经过训练和演习,就不能被认为是可靠或准确的。

这种工作大致可分为两种:基于讨论的演习和基于行动的演习。基于讨论的演习包括研讨会和工作坊,以及传统的模拟演习;基于行动的演习包括训练和全面演习(图 10.1)。

美国大多数大城市都认可国土安全演习与评估项目(HSEEP)的资格和原则。在联邦应急管理局的监督下,国土安全演习与评估项目"为演习项目提供了一套指导原则,同时也为演习项目管理、设计和开发、执行、评估和改进规划提供了一套通用方法"。

国土安全演习与评估项目将培训周期常态化并分为四个部分:设计和开

发,执行,评估,改进规划。国土安全演习与评估项目为所有应急管理或国土安全训练与演习项目提供指导。要与国土安全演习与评估项目相符,一个项目必须始终满足四项标准。国土安全演习与评估项目也会推动组织或管辖区进行交叉训练和演习,从一个简单的基于讨论的事件开始,逐步升级到全面演习。前者可能只是在会议桌旁召集几个关键参与者,后者则需要现场的响应人员和设备来处理模拟的大规模紧急情况。

图 10.1　在芝加哥中途机场进行的全面演习包括
消防员以及来自美国海军和当地社区应急小组
组织的志愿者

（二）专业认证

应急管理领域日益被接受的一个明显迹象是专业认证的观念的出现。现在在美国,除了学位课程,应急管理还得到了国内和国际专业组织的认可(第八章"城市地区的应急管理与国土安全"中对此展开了进一步讨论)。下面以美国的情况为例进行介绍。

个体应急管理人员现在有许多专业认证可选择。目前美国境内的多个州拥有由国家应急管理机构或州立大学系统监管的认证或鉴定。业内最广泛认可的委员会认证仍然是国际应急管理协会(IAEM)颁发的注册应急管理(CEM)证书。要想具备资格,个体必须满足一定的要求,包括在该行业工作数年,接受200 小时正式的应急管理和综合管理培训,并完成一项综合论文考试。

全部的机构和部门也有专业认证可选择。应急管理认证项目（EMAP）是由十几个组织和机构于 21 世纪初建立的，其中包括美国联邦应急管理局、国际应急管理协会和国家应急管理协会（NEMA）。应急管理认证项目在本质上是一家由这三个组织监管的非营利性公司，它通过一套认证和同行评审体系来谋求该领域的标准化，其既定的目标是"通过应急管理项目可衡量的卓越标准让社区更安全"。美国当地、地区、部落和州的项目都有资格申请这一自愿认证程序。

个体应急管理人员或其部门作为一个整体参与这种同行审查工作，应被视为准备阶段培训和教育内容中一个非常可取的部分。

七、公众教育及通告

最后，如果没有健全的公共教育，那么任何准备项目都是不完整的。这并不意味着公众必须成为灾难专家——这一目标可能也无法实现，但是公众需要对潜在的危险有良好的基本认识，并对如何接收或检索更多信息有一些想法。事实上，公众意识是美国国土安全部战略计划的首要目标。

"看到什么，说什么"运动是成功提高公众意识的一个很好的例子。核心的信息传递最初由纽约大都会运输局（MTA）实施，目前已被普遍采用，尤其是在美国国土安全部和多个运输机构中。S4（公共信息官员的简称）负责检查这类程序的几个关键框。它简单可行，通过明确的行动赋予公众参与应对犯罪或恐怖主义事务的权力。因此，它涉及公众，特别是通勤出行者。它作为力量倍增器，以额外"见闻"的形式，在预防和准备阶段协助公共安全官员。

S4 的工作可能被视为一种"拉拢"活动，因为它试图从公众那里搜集信息，这里的信息指的是潜在的可疑活动或物品。而"推送"活动则以另一种方式发送信息，通常是通过媒体传递信息、大众通知或警报的形式。在美国几乎每个大城市都有一个面向移动设备用户的大众信息平台，两个显著的例子是纽约通告系统与芝加哥通告系统。这些通告平台通过手机和 Wi-Fi 技术，可以让公共安全机构以一种10年前根本不能实现的方式将相关信息推送出去。终端用户可以定制他们的账户，以确定他们想要的警报类型，并在他们特有的数据计划之外免费接收服务。当然，紧急通知会继续使用更传统的信息传播渠道，如电视、广播和新闻网站。

从准备的角度看，基本的公众意识加上危机期间触及广大普通民众的能力，构成了强有力的组合拳。最终目标是无缝、快速地从基本上是事故前的准备周期过渡到可采取行动的响应周期。

第三节　案例研究：社区应急小组

一、概述

如前所述，社区应急小组这一概念旨在培训二线应急管理人员，以便其在危急时刻帮助自己和他人。社区应急小组试图通过提供从通信和运输到交通控制和医疗分流等服务来填补这方面的空白。近年，公共安全机构在美国各地部署了数百次社区应急小组成员，他们戴着明亮的绿色头盔，一眼就能认出。

这一概念于20世纪80年代中期在美国加利福尼亚州首次实施，当时该州遭受多起重大地震的影响。该概念由洛杉矶消防局启用，并很快被附近的管辖区接受。洛杉矶的项目也从日本平民志愿者那里吸取了经验教训，特别是在同期的日本京都地震发生之后。现在在美国，社区应急小组是一个全国性项目。自1993年起由美国联邦应急管理局监督，在几乎所有的大中型城市建立了2 600个分会，这个概念在美国已经非常流行。

社区应急小组网站为该项目制订了一系列目标。第一，让公民了解在重大灾难发生后社区应急小组可以立即提供的服务。第二，传达社区应急小组在减缓和准备方面的责任。第三,对成员进行必要的救生技能培训,培训重点是决策技能、救援人员的安全保障以及如何尽可能为更多的人做最大的好事。第四,组织救援队伍,使其成为第一响应人员的延伸,为受害者提供即时帮助,直到专业服务到达。

这项工作的最终目标是组织和培训平民,在发生影响他们所在地区的灾难或大祸时,他们有可能成为自发的志愿者。培训项目中经常使用的口号是"为更多的人做最大的好事"。因此,它可能被视为地方和区域响应机构的力量倍增器。美国洛杉矶社区应急小组于 2012 年组织的一项调查显示,90% 的社区应急小组分会免费向参与者提供初始培训,从而为一些人消除了严重的潜在准入障碍。

二、实践

该项目与核心用户、准备阶段的特征(即准备应对的状态)密切一致。社区应急小组分会可能因管辖区的不同而不同,但所有分会都有相同的基础性入门培训和定向要求,共有 7 个核心组成部分:

- 防灾准备;
- 灾难灭火;
- 灾难医疗行动(急救);
- 轻型搜救行动;
- 灾难心理学;
- 团队组织/管理;
- 项目审查和现场模拟。

一旦完成了这一核心课程,志愿者就可以继续进行应急管理和应急准备方面的培训和教育。许多社区应急小组分会通过内部专家和外部演讲者来进一步提高他们的准备技能,有些甚至有额外的严格定义的培训和资格等级。

在美国,现场部署主要是通过主办响应机构进行协调,如当地警察局或消防部门。一些社区应急小组分会就某项特定的管辖权与联邦应急管理局或当地应急管理局直接保持一致。在地震、火灾或洪水过后,社区应急小组队伍被部署到城市环境中去。他们还在避难行动和大型特别活动、训练、演习中担任志愿者。许多州和地区也会赞助分会之间的技能竞赛。

考虑到所有大城市应急服务的预算有限,社区应急小组这样的公民积极分子项目在行动上和财政上都是说得通的。今后,经验丰富的应急管理人员可能会加强与这些训练有素的志愿者组织的协调。

第四节　结论与启示

准备周期是应急管理人员在重大紧急情况发生之前进行干预的为数不多的机会之一。有必要简要列出城市环境中的实际准备的考虑事项。

一、信息就是力量

为灾难做准备涉及两个重要的方面:找出你拥有的东西,决定如何保护它。这需要进行真实有效的风险和危害评估,以确定潜在的危险。拥有了这些知识,决定如何为特定危害做准备以及如何最好地保护重要设施和人群成为关键。一切都从知道什么会伤害你、会如何伤害你开始。

二、周期是有效的,需要好好利用

准备周期包括四个关键过程:评估、规划、预备和评价。目前城市组织或管辖区内的任何应急管理项目都处于该子周期的一个或多个阶段。动起来是关键。一项好的风险评估和应急行动计划应该被验证和测试,之后这个过程应该重新开始。真正的准备意味着不要停留在过去的成绩上。

三、80/20 规则

人们常说20%的人口需要80%的时间和资源。在危机期间,残障人士或有其他特殊需要的个人可能需要付出巨大的努力。认识到这一点的时机应该是重大紧急事件发生之前,而不是其发生期间。

四、强化目标

强化目标是军事和安全专家常用的一个短语。它在本质上是指让对手的工作更加困难。无论你的组织所面临的威胁是自然的、人为的,还是混合的,这都是做好准备的一个关键因素。恢复力、冗余和连续性都是混乱的敌人,也是应急管理人员最好的盟友。

五、消息很重要

在实际发生紧急情况时,强有力的公众教育和应急通告项目将被证明是非常宝贵的。在危机开始时,如果拥有一群对公共安全有着良好了解的民众,而你又有方法可以向群体提供实时信息,那么战斗已经赢了一半。应急管理人员在前期投入如此大的精力是绝对值得的,因为其他替代方案并不可取。

第五节　小　结

准备阶段是应急管理人员在紧急情况或灾难面前走出困境的难得的机会。风险评估和应急规划使有效的准备工作有重点和针对性。不同的人群有不同的需要,特别是在涉及大规模疏散或就地避难的危机中。

　　随着专业培训和教育机会呈指数级增长,应急管理在这几年有了显著的发展。制订恢复计划以及重大事故发生前加强重视公众教育和警示讯号,这些工作可能会在灾难中获得巨大回报。当危害从可能变为现实时,给大众传递信息和保持实时通信将至关重要。最后,社区应急小组项目是一个以准备为导向的志愿者工作的例子。

延伸阅读:

[1] Emergency Management Accreditation Program. (2016).

[2] Emergency Management. (2016).

[3] Federal Emergency Management Agency. (2013).

[4] Federal Emergency Management Agency. (2016).

[5] International Association of Emergency Managers. (2016).

[6] Los Angeles Community Emergency Response Team. (2016).

[7] National Center for Campus Public Safety (2016). National higher education e-mergency manage ment program needs assessment.

[8] Webster's Dictionary. Preparedness.

第十一章

减缓阶段

11

第一节 引 言

"减缓"这个词在不同的语境中有着不同的含义。韦伯斯特将其定义为"使变得不那么严厉或敌对;缓和"。美国联邦应急管理局将减缓定义为"为减少遭受攻击或灾难并受其影响而采取的行动"(FEMA,2003:B25)。罗伯茨(Roberts)指出,减缓的目标是"通过预测危害并使社区更能抵御其影响,来减少灾难对生命和财产造成的损害"(Roberts,2009:127)。

因此,减缓措施可适用于自然灾害、人为灾害和混合灾害。在美国,为实现这一目标,当地、州、地区和联邦各级存在多种战略和方案。在许多方面,减缓是应急管理中最长期和影响最深远的阶段。例如,改进堤坝设计和搬迁易受洪水影响的建筑物,可能对社区的数代人产生积极影响。

减缓还需要不同于应急管理行动阶段(如响应和恢复)的技能。哈多(Haddow)、布洛克(Bullock)和科波拉(Coppola)指出,真正成功的减缓管理人员必须具备政治直觉和规划方面的专业知识,以及公共关系和建立共识的技能

（Haddow，Bullock & Coppola，2008：76）。因此，减缓既是应急管理的重中之重，又需要非常专业的技能。由于这种广泛性，政治、企业和预算的钟摆有时会倾向于支持减缓的全灾种适用性，有时则不支持。

第二节　历史和现状

减缓可以在重大事故发生之前、期间和之后以某种特有的形式积极展开。减缓可以是在自然灾害或恐怖袭击发生前设置的新的防波堤或警戒线，也可以通过消防员或当地应急管理人员使用的战术出现，从而减少危机响应过程中的负面后果。

鉴于减缓对生命安全的直接影响，我们需要进一步深度了解其概念和做法。但在全球范围内，大家普遍认为减缓工作的资金不足且未被充分利用。套用一位应急管理人员的话："减缓并不时髦，也不会成为头条新闻。但它对每一个事件现场都很重要。"

还需要注意的是，减缓通常是一项影响农村、郊区和城市社区的区域性工作。最重要的是，政府部门应跨部门开展工作，从而最高限度地减少地震、飓风等真正大规模灾难造成的影响。

正如前几章所述，美国联邦立法中寻求实现这一有价值的目标的两个关键部分是 1988 年的《斯塔福德法案》和 2000 年的《减灾法案》。但与应急管理的其他阶段一样，很少有专门侧重城市环境的从业人员指南或立法语言。许多关于减缓阶段的现有信息在本质上有很强的战略性。

美国《国家准备系统》于 2011 年 11 月发布，它是建立在《国家响应计划》和《国家响应框架》等先前文件的基础上的。正如其名称所暗示的那样，这个新指令似乎比单独的响应受到的关注范围更广。《国家准备系统》确定了 5 个任务领域，即预防、保护、减缓、响应和恢复。这些显然与应急管理的总体阶段一致。

最重要的是,新发布的《国家准备系统》将风险定义为一个关键组成部分,指出"风险评估搜集与威胁和危害相关的信息,包括预期后果或影响"(NPS,2011:2)。《国家准备系统》还介绍了《威胁和危害认定及风险评估》(THIRA),它已迅速成为城市应急管理和国土安全规划的关键,直接与美国联邦资助挂钩。最后《国家准备系统》预示了 5 个任务领域中每一个任务领域的具体框架,这些框架与应急管理的各个阶段(包括减缓)密切相关,并都已公布。

　　一些作家和学者已经从政策角度审查和评估了减缓。西尔维斯(Sylves)指出,一旦确定了对健康或安全的风险,减缓基本上就是实施"风险降低方案"的决定(Sylves,2008:21)。为了区分两个相关的阶段,西尔维斯(Sylves)将减缓定义为"确认并试图减少能够产生灾难或紧急情况的危害风险和隐患",并将准备定义为"预测和开发用于响应和恢复的各种资源"(Sylves,2008:114—115)。

　　如前所述,多年来,美国联邦政府对减缓政策的关注时强时弱。尽管联邦应急管理局在吉米·卡特(Jimmy Carter)执政期间创建,但值得注意的是,多年来减缓并不是该机构关注的重点。1988 年《斯塔福德法案》在承认应急管理的多个阶段和要求方面取得了重要进展。然而直到詹姆斯·李·威特(James Lee Witt)被任命为比尔·克林顿(Bill Clinton)总统时期的联邦应急管理局局长,以机构才真正将注意力转向减缓自然灾害或人为灾害的影响(Sylves,2008:68—69)。作为一位广受尊重和具有变革性的领导人,威特(Witt)的核心愿景是更加重视灾难减缓(Sylves,2008:68)。威特(Witt)曾任阿肯色州应急管理部门负责人,并在这一新兴领域广受尊重。如前所述,促使美国人重新关注减缓的重要立法包括:1988 年的《斯塔福德法案》、1993 年的《福克默修正案》以及后来的 2000 年的《灾难减缓法案》。

　　威特(Witt)关于减缓阶段的概念与应急管理的其他阶段重叠。在他监管美国联邦机构的第一年,联邦应急管理局积极努力地将易受洪水侵袭的建筑移出密西西比河、密苏里河和俄亥俄河谷的洪泛区,这些举动强调了这一愿景(参见第十三章"恢复阶段"中的案例研究)。因此,这项工作与洪水退去后立即进行的恢复项目相重叠。威特(Witt)认为,在清理过程中迅速支出资金,可以防止在未来的洪水中对同一建筑物或社区的重复支出。时间证明他的判断是非常正确的。

伯克兰(Birkland)在对灾难相关的立法行动的分析中指出,"有理由相信政策制定者正在逐渐理解一系列灾难造成的损害和破坏的因果因素"(Birkland,2006:154)。不过,他也巧妙地提醒仍有许多东西需要学习,并对美国和欧洲政治进程的周期性表示了特别的关注。有强有力的证据表明,欧洲和北美洲的许多现任行政机构并不特别倾向于为无法在镜头中或社交媒体上出色发挥的项目提供财务或行政支持。

从简单的成本效益分析的角度来看,减缓似乎是一项极好的投资。它为决策者提供了最大的投资回报。罗伯茨(Roberts)指出,减缓活动"通过预测危害并使社区更能抵抗其影响,从而减少灾难对生命和财产造成的损害"。他声称,美国联邦系统"更倾向于响应,而且在某种程度上更倾向于恢复,而不是预防,尤其是减缓",他更进一步指出,"各级政府增加了更多的项目来帮助响应,而不是提供减缓"(Roberts,2009:127—130)。伯克兰(Birkland)同意这一观点,他指出,联邦应急管理局被降职为国土安全部的一个下属部门,"使得联邦应急管理局的减缓策略远不如克林顿-威特时代有效"(Birkland,2006:114)。

一些迹象表明,美国可能重新转向全灾种减缓方法。美国国家建筑科学研究院多灾害减缓委员会的一项独立研究发现,在联邦应急管理局监督的减缓项目中,美国每花费 1 美元,最终将节省 4 美元。这标志着财政回报远远超过了典型的联邦项目的标准。

第三节 分 析

一、减缓的基础知识

美国联邦应急管理局将"减缓"定义为采取行动减少遭受攻击或灾难的风

险和影响。这一定义在这里也很贴切——"行动"是关键术语。减缓不是事务的一种静止或不变的状态,而是分析和应用的一个持续的子循环。可以准确地将其视为大规模应急管理周期的一个缩影。

减缓过程首先取决于确定可能对特定地区或人口造成风险的灾害和威胁。同样,在城市环境中,由于人口和重要基础设施相对集中,这些风险可能会显著升高。

有效的危害识别和风险评估至关重要。由于没有两个城市面临完全相同的危害,进行可靠的评估是一项艰巨而值得的工作。识别自然灾害可能需要查看历史因素来绘制洪泛区地图或搜集地震数据。评估人为危害可能需要检查潜在的技术风险或识别潜在的恐怖主义目标(更多有关风险评估的信息,请参见第五章"城市地区的风险评估")。

桑泰拉(Santella)、斯坦伯格(Steinberg)和帕克斯(Parks)指出,通过危害和风险评估确定的基础设施特征至关重要,并强调"重要基础设施相关的政策和预算决定必须在目标框架内做出,将所有可利用的信息考虑进去,包括基础设施内部和基础设施之间的依赖性和相关性,这符合公众的最大利益"(Santella,Steinberg & Parks,2009:410)。

公共安全官员可以使用许多事故前的减缓工具。这些工具包括土地使用和分区限制,修改或更新建筑法规,以及与金融机构和保险公司密切合作以最高限度地提高某个特定管辖区的地位。洪水事件发生后,住宅或企业可能会被重新安置在远离水道的地势较高的地方。这个过程听起来可能不是特别令人振奋,但在响应和恢复过程中,它们确实会产生巨大的影响。

物理障碍通常是减缓的一种形式。对于人为灾害和自然灾害,这种形式可能是正确的。例如,加固的安全门或一系列的混凝土护柱可能会降低车辆临时爆炸装置对高价值设施或重要基础设施资产的风险和影响。将现有堤坝的高度提高 2 英尺,可能会在严重洪水期间延迟或减少建筑物的溢顶。这两种行动都将降低风险并最大程度地减少与特定威胁的接触,从而满足减缓的核心定

义。(图 11.1)

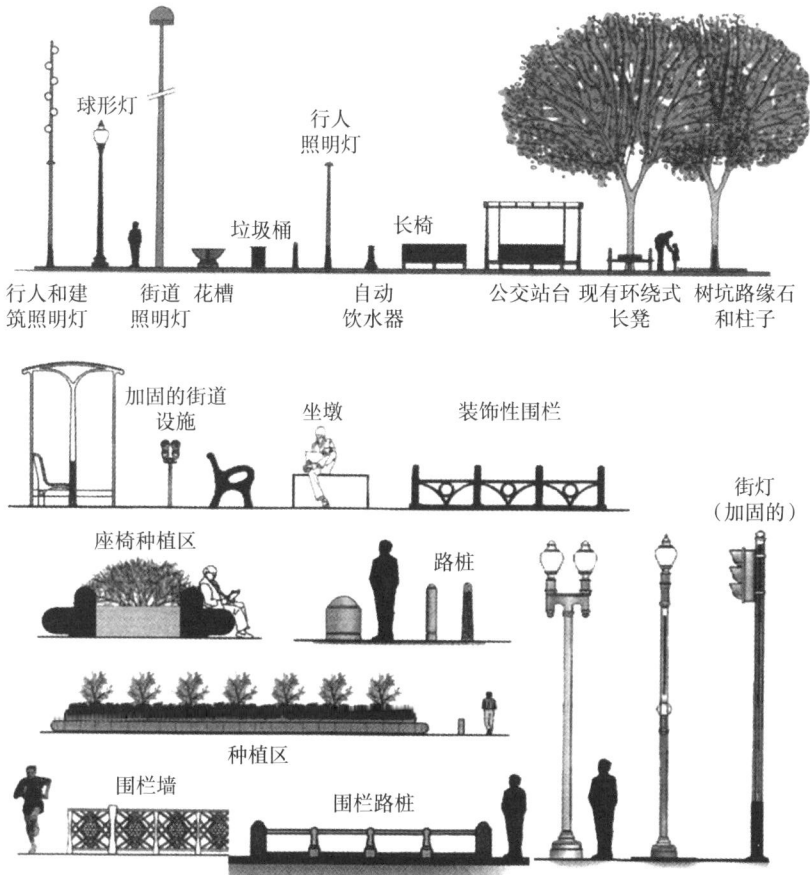

图 11.1 各种各样的地面车辆障碍物为车辆意外或故意

造成的威胁提供了减缓选择

来源:美国联邦应急管理局

情报评估应被视为减缓技术和人为危害的重要工具。可与当地消防部门合作,了解某一特定工厂使用的化学物质;或与执法合作伙伴合作,确定恐怖分子或极端分子的任何潜在目标。这些对城市应急管理人员来说都是值得花费时间的(在美国,当地的融合中心对后一项任务尤其有帮助)。精准的信息是一个成功的减缓计划的核心。

最终,减缓的最佳做法是遵循全灾种模式。如果所在的组织或管辖区有风险存在,就应对其进行评估、分类和减缓。并非所有的危害或威胁都可以预防,因此在发生重大事件时,减缓对减少损害和缩减混乱至关重要。

二、减缓工具

虽然预防阶段的分析通常集中在人为灾害上,但减缓阶段最终侧重于自然灾害。值得注意的是,许多较成功的自然灾害处理技术也适用于处理人为灾害或混合灾害。一旦完成整体风险分析,组织或管辖区就可以应用特定灾害的减缓工具(Haddow et al.,2008:77)。以下按一定顺序列出城市应急管理人员可用的几种行之有效的减缓工具和方法。

(一)数据建模

在危害和风险评估期间搜集统计数据可以为以后的决策提供信息(更多信息参见第五章"城市地区的风险评估")。跟踪基础设施的位置、功能和相关性有助于确定减缓工作的优先顺序并为其提供指导。有了关键数据和地理数据,应急管理人员能够更好地在组织或管辖区内应用减缓政策和策略,有效的例证包括预测洪泛区制图产品或重要基础设施相互依赖的图模型。

(二)设计和施工规范

作为减缓风险最具成本效益的方法之一,对新建或改建的建筑物制订建筑和施工规范是值得认真考虑的。例如,根据更强的抗震标准对现有结构进行改造,或在荒地/城市界面附近住宅的屋顶和护墙板使用防火材料。植被控制或雨水排放分别可作为减缓火灾和洪涝的范例。

(三)财政激励

许多地方政府正利用特殊税收评估、债券、搬迁奖励和联邦拨款申请援助,作为减少特定风险的措施。例如,这些工具可以用来鼓励居民从地势低洼、易受洪水侵袭的地区搬迁,或在财政上鼓励对储存危险化学品的企业进行抗震改造。还有一个减缓要素是鼓励使用太阳能阵列或备用发电机等非标准电源。

（四）减缓事件响应

如本章开头所述,减缓可以跨越应急管理的多个阶段,包括响应阶段。最终,事故指挥官或高级官员将在现场做出支持减缓的决策。例如,消防员利用水流来浇灭火灾附近的建筑物,或官员使用大众通知系统通知某一特定社区的居民公共设施中断。在每一种情况下,响应阶段内的此类减缓工作可用于限制或减少某一特定威胁或危害带来的级联损害和影响。

（五）保险

传统的保险政策将风险从居民或企业转移到私营保险公司。在美国,与政府等效的是《国家洪水保险计划》(NFIP),该计划为传统保险公司可能不愿承保的地区提供补贴和负担得起的保险。虽然近年来《国家洪水保险计划》面临着巨大的价格压力,但它也提供了额外的好处——可以生成非常详细的洪泛平原和河流测绘产品,这些产品可用于多个管辖区和部门。

（六）土地使用规划

这一减缓工具涉及本地开发治理,包括房地产销售、兼并、坏境审查和地役权。在严重的情况下,地方政府可能会利用联邦拨款购买和拆除屡次遭受同样灾难性破坏的财产(参见第十三章"恢复阶段"中的案例研究)。相关法规可用于保护特定的动植物栖息地和历史遗迹,还可以用于控制人口居住密度。

（七）政策与流程

最便宜、最容易被忽视的减缓方案可能是实施现有的政策和流程。防洪闸门或替代电源等减缓措施往往未得到有效测试或维护。建立稳定的机构或管辖协议,并将减缓作为业务会议或模拟演习的讨论主题,是已在实施的一种极具成本效益的措施最大化法。

（八）结构控制

结构控制主要是为了减少水流造成的影响,不论是洪水相关的水流还是海岸侵蚀。迄今为止,堤坝是在这种减缓措施下建造的最常见的结构类型,建造后结果截然不同。在沿海地区可以利用防波堤和海堤来减少海岸的侵蚀或保护重要的港口基础设施。在建立或大幅度修改任何此类结构之前,通常需要进行深入的环境和水文研究。

三、国家和跨辖区一级

任何详细分析中最重要的一项就是如何在此背景下定义城市减缓。建立这样的"基本规则"有助于更好地识别可管理的问题。

其中一个主要的问题变成了"在城市公共安全领域,减缓是什么?"进一步完善一些总体定义是有用的。在减缓自然灾害或人为灾害的领域中,美国联邦应急管理局的定义似乎是高度相关的。美国联邦机构将减缓定义为"为减少遭受既定危害的风险和影响而采取的行动"(The US federal agency,2003:B25)。

我们可以举出盗窃或恶意破坏的人为危害,作为一个具体的例子。安装安全摄像头或在潜在目标周围设置围栏的威慑效果可以减缓直接威胁,而搜集针对特定目标的国内恐怖组织情报可能超出了应急管理界公认的减缓范围。

事实上,任何完整的威胁或隐患分析都将着眼于特定设施或组织所面临的所有潜在破坏因素。预防、准备和减缓这三个阶段将包括确保正确放置新灭火器,或更换有故障的电源插座,从而从源头上降低火灾发生的可能性(任何周密的消防计划无疑都包括这两个方面)。

然而,各级政府仍将重点放在响应和恢复阶段。基于多种原因,这是可以理解的。在应急管理过程中响应和恢复阶段是非常明显的,而且往往带有政治色彩。无论是在西雅图、设菲尔德还是新加坡,当地电视台在播放为控制洪水而安装的新排水沟的画面之前,都会播放消防员与多警报火灾搏斗的画面。

但媒体的关注并不一定会直接转化为重要性。我们可以有把握地推测,美国新奥尔良市的居民对 2005 年夏天的一些改进的减缓措施非常感兴趣,如加强堤防和水泵(参见第二章"应急管理的发展和历史"中的案例研究)。

因此,城市应急管理人员不能陷入"非此即彼"的陷阱,他们必须寻求"两者兼顾"的平衡,才能取得成功。任何单枪匹马的应急管理策略都不可能取得成功,正如没有一个阶段存在于真空中一样。

目前,美国和欧洲城市联邦一级的减缓项目相当稀少。克雷格·富盖特(Craig Fugate)于 2009 年被即将上任的美国总统贝拉克·奥巴马(Barack Obama)任命为美国联邦应急管理局局长。在飓风频发的佛罗里达州担任州长的经历无疑给了他宝贵的经验。

事实上,美国确实存在用于灾前减灾和灾后减灾的单独资助项目,通常作为《斯塔福德法案》的延伸。然而,这些项目主要关注自然灾害,尤其是洪水。与暴力或恐怖主义行为相比,洪水的发生频率和累积损失成本都更高,因此联邦应急管理局的这种优先考虑很难被挑剔。

美国联邦政府进行的两项较大的工作是"危害减缓赠款计划"(HMGP)和"灾前减缓计划"。前者重点关注洪水,后者顾名思义,旨在将减缓工作放在正在进行的应急管理周期中的响应阶段之前。类似的项目重点关注其他特定的灾害,如地震和飓风。这个样本确实准确地描述了美国联邦机构内部持续存在的减缓自然灾害和人为灾害之间的冲突。

在美国,另外两个值得进一步研究的项目是"城市地区安全倡议"和"洪水减缓援助(FMA)"项目。这些项目结合起来,为减缓人为灾害和自然灾害提供了很好的例子。

"城市地区安全倡议"是一个庞大而多样化的赠款项目,顾名思义,它以大城市地区为重点。在其鼎盛时期,美国 64 个最大的大都市区都在该项目中获得了一定资金(尽管在纽约市政府的领导下,立法机构不断施压,要求将这一数字减少到 10 个左右)。这笔资金可用于应急管理的所有阶段,并且在理想情况下,应在某一既定地理区域的多个管辖区和部门之间共享。根据联邦应急管理局的响应者知识库(RKB),联邦政府在 2010 财年拨款 8.34 亿美元作参考点。在合理的情况下,数百万美元的拨款在大型项目中并不罕见,比如互操作通信网络建设或互联数字摄像机采购。

随着自然灾害的不断发展,洪水仍然是整个西方世界最大的财政威胁。在美国,"洪水减缓援助"项目为一些工程项目提供资金,以降低或消除《国家洪水保险计划》投保的建筑物遭受洪水损害的风险。在实践中,此类工作可能包括支持湿地帮助吸收洪水,在人口密集地区修建或加固堤坝和排水系统,购买被洪水反复破坏的房产。

同样地,从 2010 年到 2014 年欧洲洪水泛滥,政府在考虑地方和区域减缓的系列方案。欧盟制定的《生命管制计划》是针对特定大规模危害工作的另一项例子。在这种情况下,该计划试图减缓气候变化和海平面上升带来的影响。

无论这些项目取得了怎样的成功或牵引作用,由于整体经济和政治困境,它们都面临着严峻的资金威胁。"城市地区安全倡议"的资金大幅削减,从 2009 财年至 2012 财年,美国联邦拨款总额减少约 60%。这种下行压力一直持续到后面的 5 年。洪水减缓援助项目长期资金不足,在 2012 年美国东海岸的桑迪飓风等事件发生后,才获得了紧急注入的现金。

不过,美国联邦应急管理局和国土安全部等联邦实体也可以通过确定最佳做法和共享州与地方机构之间的信息来发挥领导作用,而不是仅仅提供专项拨款。目前已有的这类战略方案是《国家基础设施保护计划》,即 NIPP。

《国家基础设施保护计划》于 2006 年首次发布,并于 2009 年进行了重大修订。它侧重于全美重要基础设施和关键资源的全局。《国家基础设施保护计划》内的重点显然是区域系统,其失败将直接影响大量美国公民或美国整个国家的安全。它长达 188 页,可能会让一些潜在用户望而却步,但实际上计划的许多内容是相当微妙和灵活的。

然而,对美国州和地方管辖区之间的差距分析表明,应急管理人员或计划制订者并未广泛使用这份文件。这一发现涉及一个共同的主题:在联邦一级创建的可能有用的工具,并没有被州和地方司法机构重视或实施。使用更广泛的是美国联邦应急管理局的《应急管理制度》及其独立研究项目。其中,系列在线课程包括对全美重要基础设施和关键资源、《国家基础设施保护计划》等概念的简要而有用的介绍。

近几年，美国国土安全部基础设施保护办公室一直在执行年度"数据通话"信息搜集程序。这一程序利用州和地方的利益相关者来搜集有关重要基础设施和关键资源的数据，并通过在线门户将其提交给联邦数据库。与《国家基础设施保护计划》相似，美国国土安全部数据中心主要关注对地区或国家具有重大影响的大规模系统。

因此，这种现状（至少在美国联邦一级）在很大程度上依赖于为地方和州减灾项目提供资金。尽管美国国土安全部正在努力向受众"推出"关于最佳做法的文件资料，并从他们那里"抽取"重要基础设施和关键资源数据，但是长期成功的总体比率还有待确定。

四、地方和私营部门一级

虽然国家计划可以确定总体基调，但公司、地方和州一级的计划对减缓来说同样十分重要。在美国和欧洲，赠款资金倾向于遵循"自上而下"的模式——从美国联邦或国家政府，或者从欧盟发出。

然而，实际项目管理的很大一部分是使用"自下而上"的模式，如前面提到的"城市地区安全倡议"项目。在这种情况下，工程项目由当地或州应急管理人员直接监督，他们最终负责执行实体安全减缓工作。

从基础设施的角度来看，地方或私营部门的官员很有可能更深入地了解现有的风险和需求。关键的第一步是通过一个全面的风险和威胁评估程序来证明这些担忧或看法的合理性。只有这样，才能启动和维持纵向一体化的减缓项目。

公司和非营利实体正与当地管辖区合作，为未来的紧急事件制订计划。费城最近（译者注：原著出版日期为 2020 年 4 月 17 日）与当地电力公司 PECO 合作，安装了新的监控设备，以帮助绘制使用情况和停电情况图，并开始确定关键建筑物和设施的具体的应急发电机要求（McIntire，2015）。这种合作很大程度是受近期风暴的影响以及数据和研究的推动。数据和研究显示未来该管辖区很有可能出现长时间停电(更多例子参见第七章"城市环境中的合作")。能够向高级管理层或民选官员提供数据和指标,是验证减缓的重要性的关键因素。

城市环境中的应急管理人员必须在其组织或管辖区内带头发展、推动和维持减缓工作。在真正的危机时期,他们必须使用一切可以使用的工具来传达将负面影响最小化的价值和重要性。

第四节 案例研究:芝加哥的基础设施数据库

作为物理安全和基础设施减缓的例子,芝加哥与美国其他大型城市管辖区非常相似。该市是美国第三大城市,人口约 270 万,设有专门的应急管理部门即应急管理和通信办公室。在与芝加哥警察局和芝加哥消防局的合作中,应急管理人员定期更新全灾种减缓计划。

当地资助的减灾项目通常具作为"定期"更新式维护的一部分,其中包括公共卫生措施或物理安全升级,或根据特定的情报威胁信息进行安排。由于地方和州一级的预算都受限制,两级政府的资金来源非常有限,因此,几乎所有重大项目的资金主要来自联邦拨款。

在芝加哥,一群主题专家几乎在所有此类项目上进行了合作。该群体主要包括联邦基础设施专家,即物理安全顾问(PSA)。当地专业执法、消防和应急管理人员根据需要参与。个别地点或子系统可请求现场协助访问,其中包括一份基本的威胁和隐患评估。

这些项目下的物理安全减缓工程项目实际由管辖区单独负责完成。在芝加哥,这项工作由应急管理和通信办公室及其指定的承包商负责。典型的应用包括防爆窗和垃圾桶、车辆屏障、联网摄像机和响应人员专用设备。这些支出中的绝大部分与减缓相关。尽管该项目仍然不一致、不够全面,但它有潜力解决各种基础设施和资产问题。

除上述减缓文件和各种策略、政策规划外，芝加哥还拥有美国最大、最详细的重要基础设施数据库。截至 2014 年，设施信息管理系统索引了 8 000 多个地点。

设施信息管理系统数据库信息对响应人员和计划人员至关重要，如楼层平面图、关键人员的联系电话以及重要的有害物质数据。该数据库本身主要由拥有或操作重要系统的私营部门股东组成，然后由当地的融合中心进行审查（更多信息参见第八章"城市地区的应急管理与国土安全"）。到达事故现场的指挥人员可以快速获取这些信息。

从减缓的角度来看，设施信息管理系统提供了一个独特的平台，人们可按地址或纬度/经度坐标进行搜索，以确定既定地理区域内的所有关键位置。美国芝加哥库克县"城市地区安全倡议"和伊利诺伊州也在考虑数据库互联或建立设施信息管理系统平台，使该系统有可能成为此类规划活动的区域资源。

资金和官僚主义一如既往地成为挑战。当联邦拨款收入继续下降，并且地方和州政府几乎没有用于此类减缓措施的预算时，资金筹措成为减缓工作中的一个重大障碍。平均下来，一个减缓项目需要几十页的规划文件，其中大部分是冗余信息，以不同的格式呈现给不同的机构。

因此，芝加哥（及其他城市）必须非常理智地花费其所拥有的资金。至少在未来数月和数年内，联邦资金可能会出现重大中断。就地方层面的物理安全减缓而言，"少花钱多办事"并不是陈词滥调，而是绝对必要的。

第五节　结论与启示

从以上的讨论和分析可发现，某些可辨别的模式开始出现。最终，我们可以确定在城市范围内全灾种减缓工作的一些最佳做法。

一、考虑所有潜在的危害

事实上,在任何特定的人口稠密的管辖区内,很多事情都可能出错。对潜在的危害、威胁和隐患进行可靠的评估是很有必要的。全灾种威胁分析十分耗时,并且工作量很大。同时,它也是城市应急管理规划的基础和所有后续工作的依据。信息就是力量,尤其是在减缓阶段。

二、知道你拥有什么

第一步是识别所有潜在的危害。知道什么是值得保护的也是至关重要的。下一步应该全面列出一个管辖区内的所有重要基础设施和关键资源。芝加哥的设施信息管理系统数据库可以作为这一过程的模型。但是对许多组织或管辖区来说,成千上万的记录完全是小题大做。应先确定某一个既定城市运转不可或缺的重要关键系统和设施,然后有效地识别出首批需要采取针对性减缓措施的地点。

三、联合各级治理

要想真正取得成功,任何全灾种减缓工作都必须是横向和纵向的。这意味着要与地方、州、联邦甚至可能是地区或部落层面的利益相关者建立良好关系。另外,还可以聘请管辖区内外的主题专家,与当地特警队(SWAT)和有害物质响应单位等专家保持良好关系。当一个"拥护者"准备解释为什么值得给这个特定的项目进行规划和筹集资金时,这种关系是无价的。

四、灵活安排资金来源

如前所述,在可预测的未来,很难为大量减缓项目筹到资金。联邦拨款正在大幅削减,许多州和地方管辖区的预算处于稳定或下降的阶段。因此,创造力是非常宝贵的,地方规划人员应该不惧怕与潜在承包商进行艰难的价格谈判或从外部来源寻求资金支持。例如,一个地方管辖区为该市的一家主要金融机构制订了减缓计划,该项目本身完全由私营部门提供资金。从成本效益的角度来看,一个有效的计划应该是非常合理的。从本质上讲,如果一个网站或系统值得保护,就可以找到一种方法为其提供资金。

五、模仿是最高形式的恭维

没有哪个管辖区可以解决所有问题。这个年轻的灾难科学领域最令人耳目一新的特征之一就是它愿意去适应、借鉴或窃取别处好的想法。发达国家的各个城市正在实施出色、划算和成功的项目。优秀的应急管理规划人员需要与时俱进,跟上此类发展的步伐。其他领域的研究,从社会学的行为分析到防爆材料物理学的最新发展,也可以提供关键见解。我们没有必要另起炉灶,特别是在有人愿意分享他们的设计时。

第六节　小　结

本章介绍了几个关键术语,提供了一个简短的案例研究,尤其是研究了美国全灾种减缓工作的现状,并提出了今后可能采用的几种最佳做法。无论威胁来自独行恐怖组织还是大风暴系统,减少人员和财产损失的机会或降低其影响确实是值得追求的。

美国国土安全部发布的《国家准备系统》表明,美国联邦政府对应急管理和减缓措施的认知和指导方式可能正在发生战略性变化。很明显,全灾种减缓值得应急管理专业的学生和从业人员进一步关注、评估和改进。

延伸阅读:

[1] Department of Homeland Security. (2009). National Infrastructure Protection Plan.

[2] Department of Homeland Security (2011). National Preparedness System. Washington, D. C. : U. S. Federal Government.

[3] Federal Emergency Management Agency (2003). Reference manual: To mitigate potential terrorist attacks against buildings. Washington, D. C. : Federal Emergency Management Agency.

[4] Federal Emergency Management Agency (2005). Risk assessment: A how-to guide to mitigate potential terrorist attacks against buildings. Washington, D. C. : U. S. Federal Government.

[5] Federal Emergency Management Agency. (2011). Responder Knowledge Base.

[6] Multihazard Mitigation Council. (2005). Natural Hazard Mitigation Saves.

[7] Webster's Dictionary: Mitigate

第十二章

响应阶段

12

第一节　引　言

　　2007年11月30日,芝加哥的天气凉爽而晴朗。在中午之前,由一节柴油机车和三节客车组成的美国国家铁路客运公司371次客运列车即将在芝加哥联合车站的最后一站停靠。近200名乘客正在收拾个人物品和行李,这列始发于密歇根州的客运列车距离最终目的地只有几十个街区。

　　当客运列车驶过联合车站以南几英里处的一个铁路站场时,工程师显然误读了恩格尔伍德连锁枢纽的信号。彩色编码信号显示,轨道速度限制为每小时15英里(约合24公里),并警告车组人员做好停车准备。后来的一份联邦报告称,工程师误读了信号,实际上客运列车是以每小时30英里的速度穿过铁路站场的。当时,与其同一轨道的诺福克南部货运列车正停在前面。

　　尽管全力紧急刹车,客运列车还是猛烈地撞上了静止的货运列车,导致柴油机车跃升到空中,并在货运列车的最后一节车厢顶部停了下来。值得注意的是,柴油机车的车头保持直立,没有突然起火。这次巨大的撞击无疑给这列客运列车上的乘客和车组人员造成了严重伤害。

大约在上午 11:24,芝加哥应急管理和通信办公室接到 911 呼叫。该办公室是该管辖区的紧急呼叫中心和应急管理人员的根据地。大批警务人员、消防员和应急管理人员在警灯闪烁、警笛长鸣中赶往事故现场。他们在前往一个超现实的场景:一节火车车厢倒在另一列火车上,有 70 多人受重伤——这是一起真正的大规模伤亡事件。

重要的是,铁路站场运营商将监控摄像头拍摄的信息分享给了同样在应急管理和通信办公室的城市运营中心。因此,那里的调度员可以实时查看受损的火车和周围的地形。他们能够确定哪种进入方位对响应人员来说最快、最安全,并通过无线电和短信引导他们。

事故现场位于芝加哥南部附近一个居民区约 20 英尺高的护堤上。多条铁路线与事故现场西侧平行,这使得响应人员从该方向进入极其危险。事故现场东侧的安全围栏暂时阻碍了救援人员的行动,芝加哥消防局(CFD)的第一批救援人员正从街道爬上云梯清除围栏——这一障碍很快就被几台芝加哥消防局的"主轴式"设备清除了。

警察设立了警戒线后,消防、急救和应急管理单位对现场进行了快速巡视评估。多名乘客和车组人员受伤,需要检伤分类。受损严重的客运列车火车头停在它落下的货运列车的车厢顶部,摇摇欲坠,柴油喷溅而出。由于威胁正在发生且迫在眉睫,大家需迅速做出决定,以尽可能快的速度稳定和疏散事故现场的所有平民。

在护堤脚下,也就是街道的下坡处,一场大规模的分诊行动正争分夺秒地进行着。消防员进入客运列车,爬过破碎的座椅和散落的行李。应急管理人员将伤者带到附近学校的体育馆,在那里伤者可以暂时躲避严寒。当将伤者从火车里运出来时,医护人员就开始对伤势严重的人进行评估。数十辆救护车排成了长队,开始了一场快速的"即装即走"行动。

多名轻伤乘客在学校集合,乘大巴去往当地未收治伤重人员的医院。未受伤的乘客乘坐大巴前往联合车站,完成旅程并与亲人团聚。3 个小时内,整个现场得到了保护,并移交给美国国家运输安全委员会(NTSB)和运输安全管理局(TSA)的联邦调查员。

运气——不管是好是坏——在任何这样的大规模响应行动中都扮演着不可否认的角色。客运列车火车头垂直落在停着的货运列车的最后一节车厢上,而不是滚向两边。在紧邻的轨道上,一列单独的货运列车有多节油罐车,车内装有一系列液体货物,包括易燃易爆物品。但这些油罐车没有被点燃或出现任何重大的破损。数百加仑(美制 1 加仑=3.785 升)的柴油从受损严重的客运列车上泄漏,由于柴油机的点火温度相对较高,这次泄漏也未引起燃烧。令人惊讶的是,尽管有 71 名乘客和车组人员受伤,但没有人员死亡。

这种城市响应经常发生。作为一名新上任不到一年的应急管理人员,笔者还没有看到过如此大规模的后勤响应。指挥队伍进入的调度员、爬上事故列车的消防员、坚守警戒线的警员,以及进行完美的大规模伤员分诊和运输行动的医护人员,都体现了应急响应的真正本质。

第二节　分　析

作为应急管理周期中最显著的阶段,应急响应受到公众、媒体和民选官员的极大关注。响应是一个包括数十台摄像机和卫星卡车并引发国会听证会的阶段。

应急管理的这一阶段通常可以定义成为应对正在发展的事件而将应急管理人员部署到现场的时期。响应可能是自然、人为或混合紧急情况引发的结果。

但什么是有效的响应?一个组织或管辖区如何在危机情况下成功响应?

一、预则立，不预则废

有效响应的关键第一步是有效的风险评估和应急规划（更多指导参见第五章"城市地区的风险评估"）。各单位部署到现场后，全面的应急行动计划将为这些响应机构提供通用战术。

埃里克森（Erickson）（Erickson，2006：67—68）列举了全面响应计划的 5 项核心原则：

- 设施所有者和经营者应识别已知风险并做出计划；
- 培训必须伴随并加强计划；
- 通信是所有响应的关键；
- 审核和训练应引起计划的定期改进和更新；
- 已建立的现场指挥系统至关重要。

应急行动计划中与响应有关的部分实际上是该文件的核心，设法解决应急管理周期中生命和财产处于直接和紧迫的危险中的部分。重要的组成部分将包含定义响应人员的具体任务，确定每个任务的主要技能和沟通要求（Erickson，2006：87）。

二、所有的灾难都是局部的

事故指挥系统的核心原则之一是，所有紧急情况或灾难都由有相应能力和承受力的最低一级机构来解决。这意味着，每天发生的绝大多数紧急情况都是由当地的组织或公司处理的，它们通常还会得到当地响应人员的协助。

举个例子，想象一下当地一家制造厂的化学品泄漏。第一级响应将来自工厂内的工人和主管。正如他们的应急行动计划所述，他们将努力控制和减轻泄漏，并确定泄漏可能对员工健康或设施本身造成的任何不良影响。如果威胁太大，他们无法将其完全控制，将寻求当地有害物质响应人员的帮助——不管是通过当地消防部门还是通过签约专家。

此类事件每天都在全球各地的城市环境中发生,很少涉及州、地区或联邦当局,直到在恢复过程的报告部分。这是紧急情况的关键概念,即由具备相应能力的最本地化的资源处理紧急情况。因此,技术最高超、装备最精良的单位可能会专门为不太专业的单位提供指导,且只有在紧急威胁或多管辖区威胁真正需要时,它们才会被调到现场。

还值得注意的是,应急管理资产经常在预先计划的大型事件(如公共庆典或专业体育比赛)进行期间部署。在游行或专业体育比赛等大型的规划活动中,应急管理资产经常被调动。按应急管理领域的说法,事件是有组织、有计划地出现的,而事故是无计划的、意外的紧急情况。

三、有效响应

响应阶段可能会特别混乱,充满错误信息。真正的响应是将许多职能合为一体,即提供关键的紧急援助,减少继发性或连锁性损坏的可能性以及确定恢复行动的挑战和机遇(Sylves,2008:23)。(图 12.1)

图 12.1 2008 年 11 月,美国芝加哥消防局
人员与一场三级警报的商业火灾作斗争

和灾难的所有阶段一样,响应阶段优先考虑的始终是保护人类的生命、基础设施和环境。保证响应人员的安全也必须被视为事故指挥的首要责任。响

应计划也应根据现场情况的变化进行评估和调整（Bevelacqua & Stilp，2009：7）。最终，所有的应急管理人员都会设法压缩和减少重大突发事件或灾难造成的混乱。有效利用资源、迅速过渡到恢复阶段，以及恢复到相对正常状态可能被视为长期目标。

四、全社区响应

每个社区或组织必须确定在响应阶段需要额外援助或加速援助的个人或设施。在这种情况下，各种有特殊需要的人群可能需要大大提高人均人力水平，响应机构必须时刻关注这几类人群。如第十章"准备阶段"所述，部分清单应包括：

- 儿童；
- 老人；
- 慢性病患者或住院患者；
- 残障人士；
- 移民人员；
- 非英语母语人群；
- 少数民族；
- 穷人或流浪者；
- 文盲；
- 精神疾病患者；
- 囚犯；
- 流动人口，如大学生、酒店客人。

第三节 重要组成部分

根据定义,应急响应在其初始阶段是快速而混乱的。即使有了有效的通知和调度系统,也不是所有的执法部门、消防部门或紧急医疗单位都能同时并井然有序地到达现场。

不过,经过多年的在时间、严重性、规模和地点上不同的响应,在美国出现了许多有效利用资源的最佳做法。通过研究过去的事故响应,我们可以确定若干对应急管理人员来说很关键的组成部分。

一、城市响应类型

有一份免责声明:对城市应急管理人员来说,办公室里没有平常的一天。当一列火车在你管辖区的另一边出轨时,你可能已经安排了一次社区扩大会议。当几个街区外爆发了一场大型仓库火灾时,你可能已经计划了一次减缓拨款资助会议。

灵活性是最高效的应急和危机管理人员的主要性格特征之一。在复杂的城市环境中,有很多事情会出错。从百分比来看,随时考虑到会发生紧急情况并不会使你成为悲观主义者,反而会使你成为现实主义者。

(一)自然灾害

各种各样的自然灾害都不利于大多数城市环境。它们肯定会随地域和季节而变化,但有几个常见的自然灾害值得我们反思。如第三章"自然灾害和城市环境"所述,这些自然灾害可能包括:

- 地震;
- 洪水;

- 飓风；

- 流行病；

- 风暴潮；

- 龙卷风；

- 海啸；

- 野火。

这里，天气是最大的共性。过多或过少的水对地球上的主要城市地区都存在反复威胁。强烈的暴风雨在世界上许多地方都很普遍，而传统上大城市多位于容易发生洪水的水路沿线。

最后，还有一些很难预测的"黑天鹅"事件。其中包括可能导致海啸的地震，流行疾病广泛而迅速地传播。

（二）人为灾害

正如第四章"人为灾害和混合灾害"所述，人们往往很擅长自己搞破坏。人为灾害包括但不限于：

- 主动威胁；

- 网络犯罪；

- 有害物质泄漏；

- 基础设施故障；

- 建筑火灾；

- 恐怖主义。

这类灾害的关键和核心致因就是人。网络犯罪和恐怖主义在某种程度上是独特的。因为它们代表着有认知、有能力的对手，而不是新生的危险。其他类型的人为灾害通常是设计或操作失败造成的，如桥梁坍塌或油罐车泄漏。（图 12.2）

炸弹威胁距离

威胁描述	爆炸品容量 （TNT 当量）	建筑疏散距离	室外疏散距离
管道炸弹	5 LBS/2.3 kg	70 FT/21 M	850 FT/259 M
公文包或手提箱炸弹	50 LBS/23 kg	150 FT/46 M	1 850 FT/564 M
紧凑型轿车	500 LBS/227 kg	320 FT/98 M	1 500 FT/457 M
轿车	1 000 LBS/454 kg	400 FT/122 M	1 750 FT/533 M
客货两用车	4 000 LBS/1 814 kg	600 FT/183 M	2 750 FT/838 M
小型移动货车/送货车	10 000 LBS/4 536 kg	860 FT/262 M	3 750 FT/1 143 M
移动货车/洒水车	30 000 LBS/13 608 kg	1 240 FT/378 M	6 500 FT/1 981 M
半挂车	60 000 LBS/27 216 kg	1 500 FT/457 M	7 000 FT/2 134 M

此表仅用于一般应急行动计划。一个既定建筑物的抗爆炸能力取决于它的结构和组成。表中的这些数据可能不能准确地反映这些变量。对于距离室外疏散距离较近的人员,仍存在一些风险。

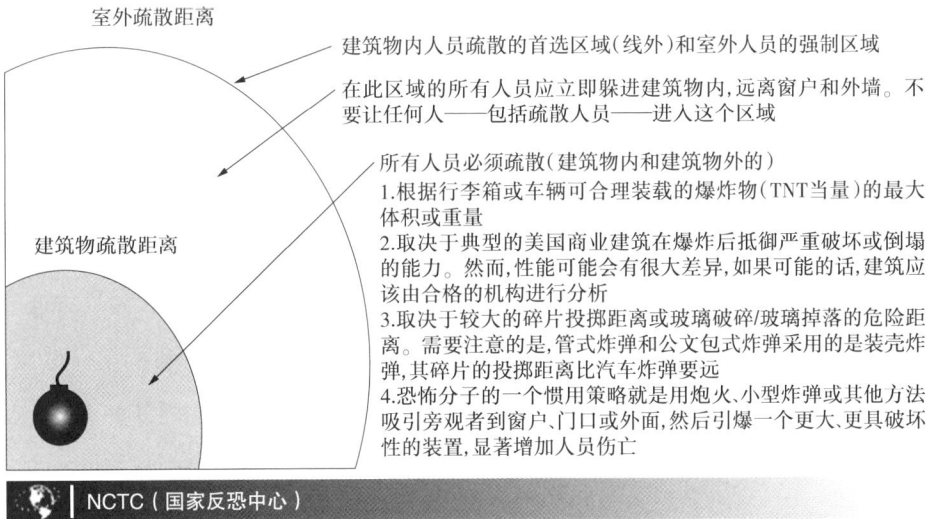

室外疏散距离

建筑物内人员疏散的首选区域(线外)和室外人员的强制区域

在此区域的所有人员应立即躲进建筑物内,远离窗户和外墙。不要让任何人——包括疏散人员——进入这个区域

所有人员必须疏散(建筑物内和建筑物外的)
1.根据行李箱或车辆可合理装载的爆炸物(TNT当量)的最大体积或重量
2.取决于典型的美国商业建筑在爆炸后抵御严重破坏或倒塌的能力。然而,性能可能会有很大差异,如果可能的话,建筑应该由合格的机构进行分析
3.取决于较大的碎片投掷距离或玻璃破碎/玻璃掉落的危险距离。需要注意的是,管式炸弹和公文包式炸弹采用的是装壳炸弹,其碎片的投掷距离比汽车炸弹要远
4.恐怖分子的一个惯用策略就是用炮火、小型炸弹或其他方法吸引旁观者到窗户、门口或外面,然后引爆一个更大、更具破坏性的装置,显著增加人员伤亡

建筑物疏散距离

NCTC（国家反恐中心）

图 12.2　一张被广泛使用的图表,显示各种大小爆炸物的室内外避难所的大致距离

来源:(美国)酒精、烟草与火器管理局(ATF)/国家反恐中心

（三）混合灾害

混合危害更难定义，因为它们有很多种产生的原因。如可能涉及破坏重要基础设施的天气事件，或导致化学物质释放的地震。第四章"人为灾害和混合灾害"中提到的福岛灾难是近年来规模最大的混合灾害。

值得注意的是，越来越多的科学证据表明，气候变化可能会导致未来发生多种混合灾害，其主要原因是海平面升高。这些变化将放大沿海洪水、海啸、风暴潮和飓风的影响。

二、响应机构和应急管理

各种人员、组织和机构将对重大紧急情况做出响应。如前所述，所有灾难都始于非常局部的事件。真正的第一个响应者是事故第一现场的平民，如雇员、路人、访客、承包商等。这些人并没有宣誓保护他们的同胞，但是他们中的许多人会为了保护他们的同胞而将自己置于危险之中。

许多紧急情况都会被控制在这一级别上，如垃圾桶的火被扑灭，受伤员工被同事送到当地医院。如果超出既定设备或组织的能力，那么将向该地点调配额外资源。在美国，可以通过自动报警系统，或拨打本地911、112、999 或 000 紧急服务电话来请求帮助。

（一）本地

在美国的大多数大城市，紧急服务呼叫都被转接到呼叫中心和调度中心。这些场所通常被称为公共安全应答点（PSAP），是一个涉及多学科的第一联络点，供公民报告正在发生的紧急情况。不同管辖区的系统各不相同，但一种新兴的最佳做法是将消防、紧急医疗和执法调度员配置在一个统一的指挥场所中。

公共安全应答点将搜集尽可能多的关于紧急情况的信息，然后派遣合适的单位做出响应。对公共安全应答点来说，利用额外的信息来源（包括实时摄像机反馈、数字地图产品或第三方报警公司）核实既定事件的准确性和范围已经变得越来越普遍。

当地响应人员每天处理成千上万个服务电话。许多问题都很简单,一个单位就可以解决,如当地的消防车组员给一位年迈的邻居做健康体检,或一个县的警长拘留了一名扒手。这代表了一个城市地区解决日常事务的平均忙碌程度。当地响应人员利用培训、协议和程序来实现这些部署。坦率地说,这些专业单位的能力很强,完全能胜任全部工作,几乎不需要应急管理人员的投入。当然,也有例外。

有时,一个活动或事件的范围和规模会很大,以至于警察、医护人员和消防员需要另一级别的响应。这可能意味着要为一个大型户外聚会组建一个应急行动中心。在许多管辖区,这可能意味着应急行动中心会连同其他急救人员一起直接被部署到现场。

2011 年,笔者对美国 30 个大城市的应急管理人员进行了电子民意测验,范围从俄亥俄州克利夫兰(约有 39 万名居民)到纽约市(约有 840 万名居民)不等。所有城市都至少有一些专职人员在其管辖区内从事应急管理工作。测验的核心问题是这些应急管理人员是否对现场发生的事故做出了响应。结果完美地呈现三等份。三分之一表示没有响应,三分之一表示只对重大事件或对高级民选官员的指示做出响应,三分之一表示做常规现场响应。

这个简单的问题对城市应急管理人员很有启发。不同的管辖区以不同的方式利用这一宝贵资源。一些城市将应急指挥中心视为应急管理人员的正确定位,而另一些城市则希望他们能被提前部署到前线指挥岗位。一些大的管辖区,比如在美国拥有全国最多全职应急管理人员的纽约市,就有足够的人员来履行这两种职能(以及许多其他任务)。

没有绝对正确的答案,今天的应急管理人员必须继续在所有特定的事件或事故中将自己放在最有用、最有利的位置。应急管理人员无论怎么调动,都应尽力为响应工作做出最大贡献。

这一过程往往包括应急管理人员在事故指挥结构内担任联络官、规划部长或后勤部长（更多信息参见第六章"事故指挥系统和国家事故管理系统"）。对一个高效的应急管理人员来说，在重大事件或事故发生之前建立关键的关系是至关重要的。这些伙伴关系应该是纵向和横向的。换句话说，一个有效的公共部门管理者应该非常熟悉他在指挥系统中的上下级以及来自邻近管辖区的公共安全官员。私营或非营利部门的应急管理人员应在其同事之间有类似的联系。

（二）州/地区

一个事件或事故很少会超出当地救援人员的能力，或超出他们先前达成的互助协议的能力。如出现这种情况，可要求国家或区域提供资产或人员协助。不同的国家可能把这些地理管理单位称为省、州或地区。

这些单位通常由不同的管理层进行监督。其援助仅通过公认的地方官员的具体要求来提供。这既是为了避免过度使用或依赖此类资产，也是为了协调更大规模或区域的灾害响应。

在美国的典型例子就是洪水。2016 年春天，特大暴雨淹没了休斯敦市区的部分地区，几小时内降水量超过 15 英寸。当地的应急管理人员，包括非常得力的哈里斯县应急管理局，很快意识到他们的资源将被如此大规模的天气事件迅速耗尽。得克萨斯州州警在被洪水淹没的道路周围进行交通管控。国民警卫队提供了重型装备和人员。专门的国家级搜救队和快艇队已经启动和部署。

威胁迅速升级，要求迅速增加政府用于响应阶段的专用资源。州和地区的资产并不便宜，会产生昂贵的费用，但是这些专业机构降低了人类生命和财产风险，已大大抵消了这一损失。

美国大多数州都有自己的应急管理机构，欧洲和亚洲的许多地区政府也是如此。分配给这些部门的应急管理人员的职责范围通常比当地或公司相应的人员更广，但他们的总体职责仍然大同小异。西方国家经常使用联邦资金或补助金来培训员工，并为州或地区团队提供装备，主要目的是尽可能多地解决这一级别的紧急情况,而不是将其升级为国家响应。

如果在这一级别启动响应,应急管理人员应该被分配成为区域指挥结构的一部分(更多信息参见第六章"事故指挥系统和国家事故管理系统")。应预测到多个正在发生的事故及事故地区或采取的行动,以及参与的多个地方管辖区,这样的响应往往在地域上和部署时间上都具有广泛性。

(三)联邦/国家

一个城市地区的某一事件或事故涉及的范围非常广,以至于地方、州和区域资源根本无法处理所要求的任务,这种情况极为罕见。如有这种情况,将动用联邦或国家一级资产和人员。

在执法方面,实际上当高级民选官员或外国要人访问某一特定管辖区时,这种情况是普遍的。例如,美国特勤局特工、外交安全局或法警在保护细节上可能与州和地方当局合作,以保证受保护对象的安全。

然而在美国,此类事件很少涉及企业、地方或州应急管理人员的大量工作。如果有的话,联邦一级事件可能被认为是影响多个管辖区的特大紧急事件或火难,如"9·11"恐怖袭击、2005年卡特里娜飓风登陆和2013年欧洲遭遇的大面积洪水。

虽然这类灾害的起因各不相同,但它们有一个共同的主题:地方当局无法减缓或应对如此巨大的破坏。这种情况下需要通过各级政府迅速将响应升级,以确保获取大量专业领域最能干、最合格的响应人员。

在美国,这意味着联邦应急管理局在宣布处理紧急情况期间拥有重要的权力和大量的预算。在这里,我们又发现了一个层面的专业应急管理人员,他们以其公司、地方和州相应人员的角色和技能为基础。这一层面代表了"在尽可能低的级别处理"模型的全面扩展。当地官员寻求州政府援助,州政府官员正式寻求联邦政府援助。美国联邦政府承认有15项核心响应和协调活动,称其为紧急支持职能(ESFs):

- ESF#1. 运输；

- ESF#2. 通信；

- ESF#3. 公共工程与工程；

- ESF#4. 消防；

- ESF#5. 应急管理；

- ESF#6. 大众护理、住房和公共服务；

- ESF#7. 资源支持；

- ESF#8. 公共卫生和医疗服务；

- ESF#9. 城市搜救；

- ESF#10. 石油和有害物质响应；

- ESF#11. 农业和自然资源；

- ESF#12. 能源；

- ESF#13. 公共安全与安保；

- ESF#14. 长期社区恢复和减缓；

- ESF#15. 对外事务。

美国在这一级别可以部署最合格、最专业的单位人员来应对灾难。这些人员可能不仅包括联邦应急管理局的人员，还包括国土安全部的其他单位，以及位于其他州的专业小组。例如，如果加利福尼亚州发生大地震，来自弗吉尼亚州的高素质城市搜索救援（USAR）小组极有可能做出响应。这种重要资源的利用在联邦一级得到高度协调。

联邦一级最重要的贡献往往是在政策方面。行政和立法部门的行动可对响应阶段产生重大而持久的影响（更多信息参见第二章"应急管理的发展和历史"）。此类工作往往是断断续续地进行的。通常只有在卡特里娜飓风或"9·11"恐怖袭击等灾难性事件之后才能取得进展。伯克兰（Birkland）指出，这种系统的学习过程是基于对以下问题的认识，即"问题是如何产生的、是什么导致了问题，以及做些什么可以使问题恶化的条件得以改变"（Birkland, 2006:50）。

（四）非政府组织/志愿者

政府并不是在有效的紧急情况和灾难响应中唯一的既得利益团体。多个地方、区域、国家和国际组织专门应对其特定专业领域内的危机。其中一些团体是营利性承包商，许多承包商专门为居民和企业提供灾难恢复服务。

无论如何，志愿者团体在危机时期发挥着越来越重要的作用。积极救灾志愿者组织（VOAD）是由数十个具有各种响应和恢复能力的团体组成的。这些个体组织中有许多人基于信仰，并将此类志愿者工作视为其社区服务工作的重要组成部分。

活跃在全球各地的两个最大、最有能力的团体是救世军和红十字会。救世军有时也被称为传道者，是一个以基督教为基础的组织。它专门为灾民提供短期便利设施如食物、衣服，以及长期住所。国际红十字会/红新月会在全球各地设有分会，提供紧急口粮和住房补贴等服务。对于资金紧张的城市机构的应急管理人员来说，这两个组织都是绝对重要的合作伙伴（更多信息参见第七章"城市环境中的合作"）。

在灾难发生时，专业组织也是至关重要的资源。这些组织可专注于特定的专业领域，例如，艺术品保护或商业管道安装，并向其成员提供专业知识以帮助完成响应和恢复工作。同样，城市应急管理人员有必要准备一份齐全的联系人名单或名片，包含纸质的和电子的。灾难是很难预测的，而在危机中召集一群重量级专家是非常宝贵的。

（五）专业部门

最后，应急管理人员应完全了解其所管理的高度专业化的单位。美国许多州和地方管辖区拥有训练有素的专家，有能力应对紧急情况。

前面提到的城市搜索救援小组就是一个很好的例子。城市搜索救援小组成员需要数百小时的培训才能获得资格。只要提前几个小时通知，就可以根据要求将他们部署到美国或世界各地。这些团队通常被指定为事故指挥系统中

的任务组,由一些特定的技能组组成。在涉及建筑倒塌或其他类型塌陷的城市
灾难场景中,非常需要这些技能。(图12.3)

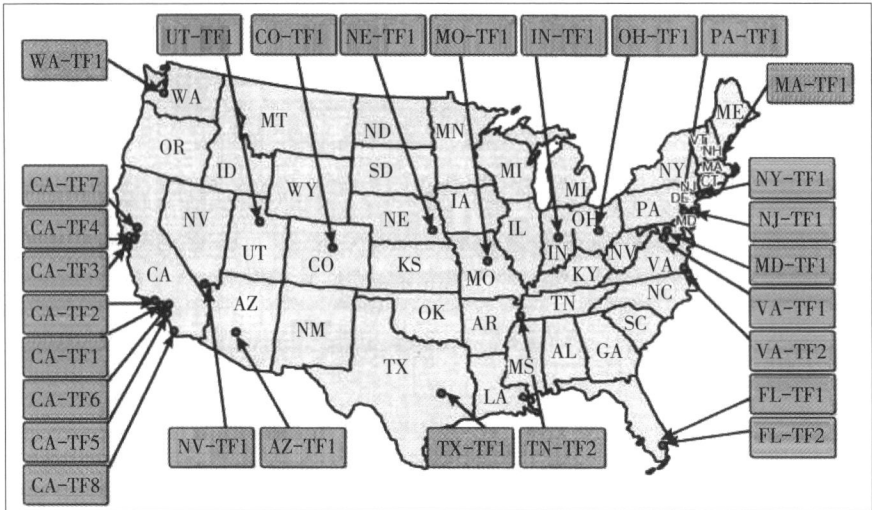

图 12.3　一张显示美国训练有素的城市搜索救援小组部署前地点的地图

注释:

TF1—1 号任务小组	WA—华盛顿	PA—宾夕法尼亚州	TN—田纳西州
TF2—2 号任务小组	UT—犹他州	MA—细因州	TX—得克萨斯州
TF3—3 号任务小组	CO—科罗拉多州	NY—纽约	AZ—亚利桑那州
TF4—4 号任务小组	NE—内布拉斯加州	NJ—新泽西州	NV—内华达州
TF5—5 号任务小组	MO—密苏里州	MD—马里兰州	CA—加利福尼亚州
TF6—6 号任务小组	IN—印第安纳州	VA—弗吉尼亚州	
TF7—7 号任务小组	OH—俄亥俄州	FL—佛罗里达州	
TF8—8 号任务小组			

来源:美国联邦应急管理局

其他专业团队通常也位于附近。在美国,大型城市警察部门通常派出特殊
武器与战术(SWAT)小组,以处理反恐行动响应和人质/路障情况。灾难医疗救
援队(DMATs)是为拓展现场响应而训练的专业医疗人员。城市消防部门能够
部署危险物质专家和技术人员组成危险物质小组,以应对化学物质泄漏或类似
事件。

国民警卫队通常由非常专业的小队组成,具有民用、军用双重用途,例如伊

利诺伊州国民警卫队第五民间支持队(CST)。该单位专门研究大规模杀伤性武器(WMD)的情况,但在发生大规模化学品泄漏事件或涉及危险材料的意外运输事件时,该单位也是非常出色的资源。

对拥有良好社会关系的应急管理人员来说,这些专业单位只是其掌握的可用资源的冰山一角。他们的技能是在日复一日的训练和演习中磨炼出来的,他们都渴望并愿意将这些知识用于实际操作。

(六)大众通知

应急管理人员的另一个关键法宝是能够在非常短的时间内进行广泛的交流。这种能力被称为大众信息传递或大众通知能力。在这个联系日益紧密的世界里,平民希望在危机时刻听到来自公共安全官员的明确而权威的信息。

传统的大众传媒(主要是电视和广播)正在数字时代被迅速超越。在推特(Twitter)、照片墙(Instagram)和 WhatsApp 的世界里,传统的沟通渠道似乎缓慢而过时。不幸的是,这些新的应用和程序在最初的响应阶段是有反作用的。因为它们几乎全部充满了谣言和影射,很少有事实。

公共安全官员,尤其是应急管理人员,在传递信息时必须既权威又及时。企业和非营利部门的应急管理人员面临着类似的挑战和期望。

这样一个项目的成功需要两个关键因素。首先是一个得力且灵活的平台,其次是在必须正确和必须第一之间找到适当的平衡。

城市管辖区应当通过多种渠道与公民建立联系。在美国,拨打电话911是一项可靠的技术,该技术基于向特定地理区域内的每个固定电话发送预先录制的信息,其不会被人们忽视。然而随着移动电话和电子邮件的普及,各管辖区必须齐心协力,让人们在家、工作场所和旅途中都能收到短信或电子邮件。这需要与移动电话和无线服务提供商建立合作关系,可能还需要与消息传递系统提供商签订合同。在紧急情况下,平台必须快速覆盖尽可能多的人员。该平台必须安全、相对容易使用,且具有非常大的容量。

成功的大众信息传递方案的第二个方面是平衡。实际上,如果临近大规模事件,每个拥有智能手机、笔记本电脑或平板电脑设备的人都会开始发送混乱而矛盾的信息。公共安全官员永远不会先发布他们的信息,信息在发布时需要高度权威性和可靠度。也就是说,官方声明的长时间延迟发布会使谣言和虚假信息迅速传播,造成不必要的恐慌。

因此,最好采取一种平衡的方法,即官方在大规模事件的响应阶段早期先公布关键的基本事实,有了更详细的信息后再在合适的时候公布。随着响应阶段过渡到恢复阶段,电视、广播、报纸和新闻网站成为完全合适的媒介。正如事故指挥系统建议的那样,联合信息中心对于任何多管辖区的事件都是非常有价值的(更多信息参见第七章"城市环境中的合作")。

最后,非常重要的是,要有一份预先制订的协议和访问清单,明确被授权代表某一特定管辖区或组织发表声明的对象。这一过程通常由同一组织来处理,有时处理得非常好,有时则处理得非常差。在响应阶段结束后的很长一段时间内,这一职能将对利益相关者的看法产生巨大的影响。

(七)培训和教育

培训和专业知识是前面提到的应急管理领域一些最专业单位的关键因素。例如,前面提到的城市搜索救援小组和特警队将大部分时间都花在训练和演习模式上,力争使他们的行动和步骤成为应对真实事故的"肌肉记忆"。

应急管理人员必须积极主动地模仿这种行为。培训和教育是一名合格的应急管理人员在应急响应时的宝贵财富。无论是在应急行动中心还是在前线指挥所,同行的公共安全专业人员都期望从他们的团队中获得一定程度的专业知识(第二章"应急管理的发展和历史"和第十章"准备阶段"都包含额外的指导)。这两种主要的培训形式都将对响应阶段产生巨大影响。

应急管理人员可参与的最重要的活动之一是训练和演习。这些活动提供了可以在实际响应之前有效呈现的最近似的模拟。应急管理人员应利用一切机会参加训练和演习,并尽可能参与到规划和实施中。教练指导你练习时,他们是绝对权威的。在"比赛日"之前练习得越多,比赛到来时你的心理状态就越好。

第二个与响应密切相关的学习内容一般不那么正式。"热洗"是在实际事故或紧急情况发生后立即进行的事后审查。它通常由一大批响应者组成,他们围坐在一起,仍然穿着现场的装备,讲述着他们刚刚经历过的鲜活的事情。这为我们提供了一个绝佳的机会,可以在原始数据和准确记忆随时间消逝之前搜集它们。在响应人员即将解散时,让他们在事故现场坐上几分钟并不容易,但这个时间是非常值得的,它可能在下一个换班或下一次大规模响应中挽救一条生命。

(八)从响应过渡到恢复

最后,注意从响应行动过渡到恢复行动。事实上,这个过渡在行动中很少有明亮而清晰的分界线。相反,它通常是一个逐渐从主要的响应策略转向主要的恢复策略的旋转运动。

如果受害者仍然失踪或下落不明,我们必须非常谨慎地处理这一问题,这一点再怎么强调都不为过。始终假定你正受到媒体和公众的关注。受害人的家人和朋友可能会将"恢复"一词理解为急救人员不再寻找他们所爱的人。对某些人来说,这个词的使用本身就使人产生一种"最终"的感觉。

但从行动的角度来看,这是一个必须及时进行的重要过渡,行动由此开始恢复正常并为下一个可能出现的重大危机做准备。这种转变也代表了一段时间的反思,以及用一段时间来考虑可以应用于下一次部署的经验教训。

第四节 结论与启示

响应阶段代表了重大紧急情况中最混乱、最危险的部分。简要概述城市环境中应对突发事件的一些经验教训是十分值得的。

一、信息与谣言

据说,关于重大突发事件的初步报告有 50% 是不正确或不准确的,而且这个百分比可能是保守的估计。作为一名城市应急管理人员,试想一下你在一场大规模事件的最初混乱时刻所听到的大部分信息都是错误的。除非有可靠人员在应急行动中心或前进指挥所现场向你报告,否则对每句话你都要持怀疑态度。

二、成为一个全才和一个专家

应急管理是一个非常独特的职业,因为从业人员需要对该领域有广泛的常识,并能够做出独特的反应。一个有效的应急管理人员在执法、消防和急救医学方面有基本的了解,对他或她的同事是至关重要的。该领域真正最优秀的人还拥有某一特定领域的深入的相关专业知识。

三、假定这是恐怖主义

当你到达事故现场或坐在应急行动中心时,应假设每一个事件都与恐怖主义有关,直到证明事实并非如此。特别是在现场响应中,应急管理人员必须意识到恐怖分子经常将二次装置或后续攻击对准急救人员。不要仅仅因为有许多开着警灯的车辆到达现场就以为威胁已经过去。

四、具有团队精神

很多急救人员都有强烈的自我意识,而事实确实如此。紧急事务往往会吸引充满自信的 A 型性格的人,由此在行动中人员将会产生分歧,尤其是在紧张的响应期间。作为一名应急管理人员,你可能会被其他人视为"仲裁者"或中立方,在响应过程中,请毫不犹豫地把这个事实作为你的优势。

五、假设在镜头前

在这个智能手机和数码照相机随处可见的时代,任何重大的应急场景都会有几台这样的设备。响应者总是有一种黑色幽默感。但一群穿着制服的工作人员短暂地站一起,分享一个轻松时刻或笑话可能被理解为冷酷或无礼的行为。请记住,人们可能脱离背景来解读画面,而且他们的看法相当重要。

六、照顾好自己

应急管理人员很容易将注意力集中在响应上,以至于忘记了要先照顾好自己。如果你忘记吃饭、忘记补充水分或没有得到足够的休息,那么,你无法为任何人提供帮助。大部分大规模的响应行动都是马拉松,而不是短跑。无论在现场还是在数英里之外的应急行动中心,应急管理人员都应该遵从自己的身体状态来行动。航空公司宣布"紧急情况下在协助他人之前先戴上氧气面罩"是有原因的。

第五节 小 结

芝加哥发生的一起列车相撞事故是在响应阶段进行应急管理的真实案例。城市应急管理人员应做好准备,以应对自然、人为或混合原因造成的危机。计划对任何有效的响应都是至关重要的。

大规模的响应可能涉及来自当地、州、地区、联邦和非营利实体以及专业性很强的单位的资源。现代应急管理人员可以对现场事故做出响应,或帮助管理应急行动中心或类似设施的成果。大众通知、事先培训和演习将对特定响应的结果产生重大影响。

延伸阅读:

[1] Haddow, G., Bullock, J., & Coppola, D. (2008). Introduction to emergency management. Burlington, MA: Butterworth-Heinemann.

[2] National Transportation Safety Board. (2009).

第十三章

恢复阶段

13

第一节　引　言

2001 年 9 月底,尘埃基本落定,整个曼哈顿岛的响应阶段已经结束。两周前,这里是美国历史上最严重的恐怖主义袭击地点之一,袭击造成 2 000 多人死亡,仅在世贸中心遗址就造成超过 30 亿美元的损失。

那两周不太好过,即使对幸存者来说也是如此。美国举国上下充满了震惊和愤怒。平民和急救人员的葬礼每天都在举行。成千上万人流离失所,短期内无家可归。超过 1 200 万平方英尺的办公空间被破坏或摧毁,数万人失去了工作。在袭击发生后的几天里,股票市场损失惨重。重要基础设施严重受损或部分瘫痪,公共交通也陷入混乱。

急救人员日夜不停地挖掘遇难者的遗体。从食物准备到急救,再到设备维护和悲伤辅导,志愿者们在各种各样的支援岗位上工作。有时,所有的工作都会停止,急救人员安静下来,摘下头盔,看着一名公共安全专业人员的遗体从废墟中被拖出来,抬上一辆等候着的救护车。然后他们会转过身,重新开始挖掘。

一些不受欢迎的术语被添加到纽约人的字典里——一堆、新常态和归零地。疯狂的阴谋论开始流传,事件变得越来越复杂和令人费解。

它过去是、现在仍然是现代历史上灾后恢复阶段最明显、最痛苦的案例之一。其真正的重建还将持续很多很多年。

第二节 分 析

随着响应阶段结束,恢复阶段即将开始。所有阶段都是这样,一个阶段结束、下一个阶段开始时,通常没有明确的标识。例如,即使工业事故的清理工作已经完成,或者已经达成合同协议结束了激烈的员工罢工,公司也应该为其持续运营计划制订恢复步骤。在最后一支搜救队离开灾难现场的同时,该管辖区必须启动恢复协议。本质上,一个组织在开始恢复工作之前不能傻等着响应阶段已经完成的某种神圣迹象出现。

哈多(Haddow)、布洛克(Bullock)和科波拉(Coppola)指出,定义恢复阶段比定义其他阶段更具挑战性。该职能在灾难发生后的最初几小时和几天内开始,并且可以持续数月,有时甚至持续数年,具体取决于事件的严重性(Haddow,Bullock & Coppola,2008:155)。恢复是指重新回到"正常"状态的过程,即使这是一种新的、不同的常态。

恢复可能涉及各种各样的任务和利益相关者。从有形的重建角度来看,一场灾难后的恢复可能涉及清理废墟、恢复公用事业服务、重建家园、重建企业、归还财产和加固基础设施。与此同时,关心民众的要素包括提供临时住房、衣服、食物和咨询服务。虽然这是一项高度复杂的行动,但恢复阶段能够与减缓和准备相结合,使灾害发生后的社区或组织比以前更强大。

对一个组织来说,必须注意到恢复在很大程度上将取决于先前的准备阶段、减缓阶段和响应阶段(恢复假定事故确实发生了,所以在预防阶段没有完全展开行动)。如果这些阶段都进展不顺利或被忽视,那么恢复很可能是一个更漫长、更复杂的过程。

一、恢复计划

跟在其他阶段一样,计划将是恢复阶段的关键,尤其是在金融、区域划分和住房等领域。任何危机的恢复过程都会有所不同,但都可能包括重建住房和商业设施、归还财产、恢复就业、信誉管理等内容。

因此,作为准备过程的一部分,组织必须为在其范围内发生的任何突发事件做好准备,从正常运行的少数环节中断到需要做出重大和长期改变的灾难性影响。这通常是指应急行动计划,可使组织在压力之下更加灵活。因此,周期会以多种方式自行完成,恢复会反馈到预防和准备阶段。

国际专业安全协会(ASIS)发布了一系列最佳做法和指南,包括《业务连续性指南》(2004)。以下是该组织建议作为连续性规划的一部分而提出的规划问题示例:

- 您的组织为生存做过计划吗?
- 业务连续性计划是否是最新的?
- 内部审计、安全和保险部门是否已审查该计划?
- 是否指定了规划小组?
- 是否进行了风险评估?
- 人们受到保护了吗?
- 是否已确定关键业务流程并对其进行排序?
- 技术(如数据、系统)是否受到保护?
- 是否确定了恢复所需资源?
- 人员是否进行过培训和演习?
- 是否确定了危机管理中心?

- 是否已找到其他工作地点？

虽然这份清单是从私营企业的角度撰写的，但其核心原则显然既适用于公共部门，也适用于非营利部门。从连续性的角度来看，组织之间存在显著的共性。正如威胁和危害评估将为应急管理的前几个阶段提供信息一样，恢复计划必须考虑到上述威胁可能造成的所有影响和结果。

二、弹性支付

恢复力和弹性是灾害科学领域的重要概念，对应对灾害或重大破坏前应进行的准备和减缓阶段具有巨大影响。如第十章"准备阶段"所述，弹性是指使一个地方或事物更能抵抗损害或破坏。

这一概念在响应和恢复阶段也必将发挥作用。国家基础设施保护计划将弹性定义为资产、系统或网络在紧急情况下或中断期间维持其功能的能力。没有一个系统或网络是完全不受破坏或中断影响的。因此值得承认的是，为了防止因灾难性破坏而关闭系统，以可预测或某种可控的方式使系统失灵，也可能是值得的。

100 个弹性城市（100RC）项目是弹性规划新出现的例子。这一国际工作主要由洛克菲勒基金会的慈善事业资助，旨在解决大城市地区长期、紧急或迫切的需求。2013 年至 2016 年，名单中的参与城市必须满足一系列资质标准，包括有意愿和具备创新精神的官员的参与。该组织认为恢复力并不是指立即恢复，而在于规划和解决"每天或周期性地削减城市结构的压力"。参与城市将获得财政和后勤援助，为其管辖区指定一名首席恢复官，并接入由主题专家和规划专业人士组成的常设网络。

事实上，恢复力的概念已经在结构工程和社会学等不同领域被广泛接受，近年来已经出台多份指导性文件。澳大利亚应急管理研究所从灾害科学的角度（the Australian Emergency Management Institute，2011：30—31）列出了具有恢复力的社区或组织的特征：

- 信任；

- 社会凝聚力；

- 支持的态度和价值观；

- 领导；

- 社区意识；

- 良好的沟通和信息；

- 集体效能；

- 社区参与；

- 资源依赖；

- 社会资本；

- 现有规范；

- 与政府的互动。

虽然这份清单是从公共部门的角度编写的，但其核心原则也将适用于公司或非营利组织。各部门的共同点再次引人注目。

三、因果关系影响

某一特定紧急情况或灾难的根源显然将对恢复过程的范围、规模和性质产生巨大影响。每一种主要的灾害类型都有某些特点或特性，它们将影响响应阶段。

（一）自然灾害

自然灾害是恢复工作最常见的原因。尤其是洪水，它给城市管辖区和组织造成了巨大破坏，使人们流离失所。

作为大范围的灾害，自然灾害可能会提供一些警告（如严重的暴风雨、洪水），也可能没有任何征兆（如地震）。共同之处是大范围不同程度的破坏。在水域附近,洪水可能会更严重,在内陆则可能不那么严重。龙卷风可能会在地面上停留数英里,但其造成的严重破坏将集中在其相对狭窄的路径上。

自然灾害往往在自然界中反复发生。如果某一地段的房屋在一段时间内被大雨淹没,那么下次下同样大的雨时,这种情况很可能再次发生。如果发生了一次严重到足以造成结构性破坏的地震,那么未来地壳运动很可能会在同一地区发生。关于复发可能性的数据是罕见的,它们也将为长期的恢复工作提供信息。(表 13.1)

表 13.1 美国最严重飓风恢复期的估计费用

风暴名称	登陆年份	估算费用
1. 卡特里娜	2005	$474 亿
2. 安德鲁	1992	$233 亿
3. 桑迪	2012	$188 亿
4. 艾克	2008	$133 亿
5. 威尔玛	2005	$119 亿
6. 查理	2004	$89 亿
7. 伊凡	2004	$85 亿
8. 雨果	1989	$70 亿
9. 丽塔	2005	$65 亿
10. 弗朗西斯	2004	$55 亿

来源:美国消费者新闻与商业频道

(二)人为灾害

人为或人造灾害难以预测。它们很可能在很少或没有任何征兆的情况下发生。公共安全官员很少对即将发生的技术故障或恐怖袭击有具体的细节描述和时间表。

由此产生的影响往往会将损害集中在一个地理区域或系统上。桥梁故障是大规模且地理位置特定的事故。网络犯罪可能会影响许多人,但通常集中于单个系统漏洞或数据库周围。

更为复杂的是，人为灾害可能在自然界重现，当然也有可能不会。如果一座桥塌了，它就不会再塌了。然而，如果其他地方有类似设计的建筑处于使用中，它们必被视为有发生类似事故的潜在风险。

（三）混合灾害

混合灾害在影响方面是个未知数。由于它们在本质上是具有多种输入和变量的级联事件，因此代表了地理灾害的真实范围。

之前提到的福岛灾难几乎是最糟糕的例子，它将三种危险（地震、海啸、核事故）结合在一起，形成了一个单一的连锁故障。虽然应急管理人员可能已经准备好应对影响其管辖的其中一种或两种危险，但一系列制衡机制都将被这一系列危机压倒的说法也并非毫无道理。

由于这种"多米诺骨牌"效应，混合灾害的地理规模很大，其恢复行动要比单独的自然灾害或人为灾害更加复杂，并且涉及更多层面。

四、美国联邦应急管理局模式

在过去几十年，美国联邦政府断断续续地制定了一套灾难恢复的指导原则。联邦应急管理局现在是国土安全部的一部分，是美国政府负责应急管理所有阶段的领导机构。

联邦应急管理局的能力和工作重点的变化取决于多种因素，包括领导能力和国会资助情况（更多信息参见第二章"应急管理的发展和历史"）。将该机构视为非政治实体当然是理想的，但是在华盛顿特区这一当前充满争议的环境中，这似乎极不可能。

在 20 世纪 90 年代的詹姆斯·李·威特（James Lee Witt）时代，该机构重新聚焦于减缓和恢复行动。该机构的大部分结构仍然存在，并在最近被时任机构负责人克雷格·富盖特（Craig Fugate）重新赋予了活力，富盖特（Fugate）曾担任佛罗里达州应急管理员。

威特（Witt）和富盖特（Fugate）的一个共同特点是，他们都注重将与灾难有关的当前和未来影响及成本最小化。两人都持有全灾种的观点，会优先考虑可帮助应对多种风险的计划和项目。

经过多年发展，联邦应急管理局由此诞生了，该机构负责应急管理所有阶段，并充当州和地方实体的供资机制。联邦应急管理局的多个赠款项目为管辖区和组织提供"激励资金"，以改善其应急规划、重要基础设施或公共推广项目的状况。

但联邦应急管理局资助规模最大且变化最大的部分赠款直接用于恢复工作。为了帮助管辖区或重要组织在灾难后恢复元气，联邦应急管理局提供了一系列财政激励措施来推动恢复工作。这些措施包括为州和地方政府提供整体赠款，为临时住房和房屋维修提供个人赠款以及向受影响的企业提供低息贷款等。

美国联邦政府还向有资质的实体提供技术援助和主题专家。若没有这些资金和专业知识来启动当地的恢复工作，在重大紧急情况发生后，破坏无疑会更长久、更严重。

五、美国其他联邦机构

在美国，在灾难恢复方面，联邦应急管理局并非孤立无援。只要《斯塔福德法案》宣布某一特定事故为紧急情况或灾难，受害者及其社区便可获得多个联邦资源（更多信息参见第二章"应急管理的发展和历史"）。各机构提供的援助可根据其具体的专长领域而定，但总体而言，它为美国的应急管理人员提供了大量的潜在选择。

（一）农业部

农业部的低息贷款可以提供给农民、牧场主和其他受灾害影响的生产者。

这些贷款可以用来更换关键的机器或设施,支付生产成本,或为偿还债务再融资。

（二）商务部

商务部下属的经济发展管理局在国会提供适当资金的情况下,为直接受到总统宣布的灾害影响的社区提供经济援助。经济发展管理局为受灾害影响地区的基础设施开发和失业援助提供赠款。

（三）卫生和公共服务部（DHHS）

卫生和公共服务部是在宣布发生灾难后负责卫生和医疗问题的主要联邦机构。它提供一系列服务,通常侧重于心理健康和咨询以及老年人的援助和项目。

（四）住房和城市发展部（HUD）

住房和城市发展部在灾后为社区提供住房补助金,特别针对受到不利影响的低收入社区。它还监督至关重要的社区发展赠款项目,该项目为加快城市地区的重建进程提供种子资金和财政激励。

（五）劳工部

该机构监督"灾难失业援助计划",该计划为就业受到已宣布的灾难直接影响的个人提供过渡资金。劳工部也可以被授权雇用失业工人作为临时劳动力,以协助重建工作。

（六）交通运输部（DoT）

该机构负责监督紧急救援计划的实施,为国家在灾难后的关键运输费用(主要是公路和铁路的维修费用)提供补充资金。虽然寻求美国国会拨款始终是一个挑战,但交通运输部也可能寻求加速更换或维修重要的联邦资产,如州际公路。

（七）小型企业管理局（SBA）

小型企业管理局是美国灾后联邦机构中比较活跃的参与者之一。它的主要作用是向宣布的受灾难影响的小型企业提供低息贷款,以加快恢复进程。自该计划启动以来,约有 300 亿美元的贷款已获得批准,其中绝大多数已成功偿还给美国财政部。

（八）美国陆军工程兵团

该机构提供大量的工程和公共工程专业知识,平均每年应对 20 多起已宣布的灾难。如果得到其指挥机构的授权,这些知识也可用于应对国家一级紧急情况。

六、非营利模式

在应急管理各阶段的许多重要利益攸关方中,志愿组织发挥了绝对重要的作用。特别是在美国,这些群体从不被认为是不必要或多余的,而是作为响应和恢复过程的关键组成部分。

由于美国各级政府的能力因管理、胜任能力和财政资金的不同而有很大的差异,对合格志愿者安全网的需求已经变得非常明确。全美积极救灾志愿者组织(National VOAD)在本质上是一个协会团体。成员大多有宗教信仰,接受过一系列响应和恢复程序方面的培训,已在大规模灾难中证明了他们的宝贵价值。

七、重温卡特里娜复苏

尽管美国联邦政府对卡特里娜飓风的响应一直饱受诟病,但联邦应急管理局和其他机构无疑从重建阶段的成功和错误中吸取了宝贵的教训。风暴使 75 万居民流离失所,国土安全部的资产(主要是美国海岸警卫队)将 3 万多人从迫在眉睫的危险中解救出来。

电力、堤坝和学校等重要基础设施在风暴期间以及随后的积水中受损严重。根据联邦行政部门随后发布的报告,仅房屋损失就达 670 亿美元,其中商业地产损失 200 亿美元,政府设施损失 30 亿美元。所有阶段的总损失估计高达 1 080 亿美元,使卡特里娜飓风成为美国历史上迄今为止代价最大的灾难。

除了财政成本之外,美国各级政府特别是联邦政府保护其公民的信心也受到了重挫[新奥尔良市长雷·纳金(Ray Nagin)很快就因与腐败有关的指控被定罪,部分原因是在飓风恢复期间的灰色交易]。响应是缓慢而混乱的,特别是从最需要援助的人的角度来看。随着响应阶段逐步过渡到恢复阶段,内讧和缺乏协调继续阻碍着进展。(图 13.1)

图 13.1　2005 年卡特里娜飓风的原始威力通过
被其摧毁的车辆和建筑物充分展示出来

来源:美国消费者新闻与商业频道(CNBC)的数据

哈多(Haddow)等人指出,由于领导、协调和规划等问题,早期恢复工作计划和实施效率低下(Haddow et al.,2008:402)。除了联邦应急管理局和其他联邦机构花费的巨额资金之外,公司和基金会还为更大型恢复范围内的具体事业和工作贡献了 10 亿多美元。治理和筹资来源方面的差异导致整个区域的恢复非常不平衡。

飓风过后 10 年,新奥尔良市的人口仍然比 1990 年人口普查时少了 10 万多。墨西哥湾沿岸许多居民根本就不会返回该地区,卡特里娜飓风难民的"移居"群体已经在从亚特兰大到休斯敦的地域建立了自己的社区。

八、更好的方法

如果说卡特里娜飓风的灾后恢复工作仍有许多不尽如人意的地方,那么应急管理人员可以从中吸取哪些教训呢? 成功恢复的因素有哪些? 围绕这些问题开始形成一些共识。不到 10 年,美国联邦政府普遍对桑迪飓风的响应和恢复工作的评估更加积极。虽然下列清单不是针对每一种危害或每一种可能情况,但很明显,在恢复行动期间必须解决一些关键的、反复出现的挑战:

- 即时安全(远离威胁);
- 紧急避难所;
- 食物/饮食;
- 医疗/急救;
- 指挥系统;
- 态势感知;
- 安全/执法;
- 运输;
- 清除杂物;
- 公用设施恢复;
- 大规模通知;
- 物流网络。

在包括卡特里娜飓风在内的现代大规模灾难发生后,在大量事后报道中出现了几个关键主题。每一种都与恢复阶段有很大关系和相关性,总结如下。

(一)领导力很重要

在危机时期,响应者和平民都会寻求领导和指引。2005 年墨西哥湾沿岸响应和恢复工作中的权力真空是显而易见的。相比之下,纽约市市长鲁迪·朱利亚尼(Rudy Giuliani)在"9·11"恐怖袭击事件后暴露了自己的许多缺点,然而在这座城市里,他的存在是引人注目的。拉塞尔·霍诺尔(Russel Honore)将军在卡特里娜飓风灾后恢复和2010年"深水地平线"漏油事故应急管理中扮演了几乎相同的角色。在事故发生的早期就确立一个明确的领导者相当重要。

(二)跟随马斯洛

马斯洛关于需求层次的著名论述在今天仍然适用。在真正的灾难中,当务之急应该是确保安全,提供食物和住所。其他都是次要的。如果你能够为受害者提供一种安全感,并清楚地告诉他们如何获得住所和食物,你就赢得了这场短期战斗。在危机模式下,其他所有需求都成为次要的。

(三)沟通

人类历史上的每一份事后报告都包含了"沟通本来可以更好"字样的变体,沟通不应该只关注收音机和手机,还应该关注到底谁是消息灵通者。官员们应该在地方管辖区或部门之间进行横向沟通,在权力级别之间进行纵向沟通。态势感知对于成功的响应和恢复工作至关重要。

(四)准备和减缓

如本章开头所述,在响应和恢复阶段,准备和减缓工作至关重要。如果它们在危机前被忽视或未得到充分解决,那么在进入恢复阶段之前就没有机会纠正这些疏忽。最终,这些工作和努力可以降低特定危险的总体影响,从而缩短从恢复阶段到常态的时间。

(五)灵活规划

任意两场灾难都不会以完全相同的方式展开。任何组织或地方管辖区的首要目标都应该是制订广泛、现实的计划,使之能够适应各种范围或各种类型的相关风险或危害。计划必须是多管辖区的,多个机构或部门一起进行训练或演习是非常可取的。

(六)谣言喜欢信息真空

向受害者提供有价值的最新消息可以消除恐惧,阻止谣言传播。为媒体简报制订一份计划表,或亲临现场更新庇护所和类似地点的信息是非常宝贵的。如果没有新的信息,就声明信息渠道是畅通的,并提供下次更新的时间和地点。

(七) 协调

没有一个单独的机构或组织能够完全独立地处理重大紧急情况。规划过程的一部分是了解哪些合作伙伴拥有哪些资源。在响应和恢复阶段的协调不仅要包括责任领域,而且要包括资源分配和后勤。

第三节　案例研究：1993 年的美国中西部大洪水

一、事实

在卡特里娜飓风袭击密西西比河三角洲地区的 10 多年前,另一场洪水就在上游几百英里处发生。在 1993 年的春、夏、秋三季,美国中西部迎来了大量降雨。来自东部落基山脉的积雪融化加剧了这一问题。许多主要河流,包括密西西比河和密苏里河,都达到并超过了它们的洪水位。从 6 月到 7 月,一直持续到 8 月。

美国中西部 9 个州,包括 532 个县,建立了灾难申报区,史无前例地覆盖了整个艾奥瓦州。水量越来越大,以致大堤开始溃决,整个城镇都有被淹没的危险。当时的电视观众目睹了一幅超现实的画面:一座几乎完好无损的两层白色农舍从密西西比河涨水的河道上漂流而下。洪水造成的损失最终将超过 120 亿美元。那年秋天,当河水终于开始退回岸边时,一层厚厚的泥浆和淤泥覆盖了它们在夏季吞噬的每一块表面。

二、分析与调查

大面积洪水造成了严重的破坏,恢复过程是漫长的。遗留下来的烂摊子总让人们想起这一痛苦的事实。

密苏里州的圣查尔斯县是受灾最严重的管辖区之一。这个县和同名的城市正好位于密苏里河和密西西比河的交汇处。这样的地理环境造就了这里极其肥沃的农田,促使该地区在 19 世纪迅速发展,甚至使这里成为 1804 年探险队开始著名的刘易斯和克拉克远征的绝佳地点。1992 年,它是全州人口增长最快的县。

巨大的河流交汇处也有其缺点。在这里,洪水并不少见,管辖区内既有大型堤防系统,也有被划为湿地的洪泛平原。在大部分历史时间里,圣查尔斯县因地处美国两条最长河流的交汇处而受益匪浅,但 1993 年的情况绝对不是这样。

1993 年,在洪水最严重的时候,圣查尔斯县足足有30%的地区被淹没在水中(Sylves,2008:122)。整个春天,保护这个楔形县的防洪堤系统一直保持着运转,但是在夏季,随着洪水不断涌入,堤坝开始被淹没。堤坝一个接一个开始垮塌。一英亩又一英亩的农田消失在浑浊、含油的海水之下。接着,2 000 个家庭和数以千计的其他建筑也是如此。这个县(包括城市、郊区和农村地区)的损失估计超过 1.5 亿美元。

随着洪水最终开始消退,通过对损失的评估和检查,恢复工作真正开始。同时,清除废墟和修复公用事业的工作继续以极快的速度进行。遭受损失的建筑物如果总价值超过其评估价值的 50% 就会被废弃。对于其他受损较轻的财产,如果要获得重建资金,则需要满足使用支撑物或坡台以在更高的基础高度上进行重建。县政府官员为发放拆迁或重建许可证把好最后一道关,但他们遵循的是联邦《国家洪水保险计划》制定的指导方针。

这一过程使业主之间进行了非常紧张的讨论和决策,最终导致位于两条河流附近的低洼易发洪水地区的房产尤其是住宅数量显著减少。联邦官员通过建立地方办事处,并举行多次市政厅会议和教育会议解释这一过程,从而提供帮助。并非所有的业主都满意,但绝大多数人在这一过程中努力并取得了可接受的结果。

1995 年在同一地区发生的另一场洪水使该地区成为特别突出的案例研究。这场洪水虽然规模稍小,但后果仍很严重。圣查尔斯县的财产损失索赔事件只是两年前的洪水事件的一小部分,许多批判人士最终对房产收购和分区限制的概念产生了兴趣。

用于实现这一结果的所有选择方案都值得回顾。哈多(Haddow)等人记录了 1993 年洪水之后使用的几种有效、有价值的减缓和恢复规划工具:

- 土地使用规划技术:包括收购、地役权、兼并、雨水管理和环境审查。
- 区域划分:包括许可、历史保护、缩进距离、密度控制、湿地保护、洪泛区和沿海管理。
- 建筑规范:包括设计控制和审查、高度和类型规定,以及土壤稳定性评级。
- 财政激励:包括特别行政区、税收减免和激励、收购、特别债券、开发权、财产转让或使用变更费。
- 信息和监督:包括公众意识和教育、区域规划协议和公众会议(Haddow et al. ,2008:170—171)。

三、案例研究总结

最终,在美国,1993 年中西部地区大洪水的恢复阶段从客观和主观上都比 10 多年后的卡特里娜飓风的恢复阶段更成功。为什么会这样呢?

这两次灾难有许多关键的相似之处。两者都影响到同一个地理区域的多个州。两者都有一些预兆,给予了一定程度的规划和准备。两者都留下了大面积的破坏和废墟,并需要美国联邦政府大力支持才能修复。

但也有一些重要的差异需要考虑。受卡特里娜飓风影响的许多地区的人口密度明显更高。许多沿海居民依赖公共交通,而中西部地区的大部分人则不是。中西部地区的洪水是一个明显的、不断上升的威胁,而许多人对飓风的严重程度都不以为然,直到为时已晚。

与新奥尔良市的防洪堤不同,圣路易斯市因位于密西西比河拱门底部的巨大防洪闸能够关闭而被保住。因此,1993 年受到直接影响的人口最密集的地区基本上是一个被洪水包围的干燥岛屿,而 2005 年的新奥尔良市则没有这么幸运。

最后,恢复程序和减缓程序的巧妙结合非常成功。通过结合土地使用规划、区域划分、建筑法规、财政激励和公共信息,中西部地区大洪水的响应阶段完成了每一个重要的里程碑。在帮助受灾群众从洪水事件中恢复过来的同时,地方、州和联邦政府很好地利用了规划工具和纳税人资金。

第四节　结论与启示

恢复阶段几乎是所有重大事故中持续时间最长、成本最高的阶段。对于一名应急管理人员,这可能也是最令你沮丧和筋疲力尽的阶段之一。不过有一些建议可以帮助你压缩时间框架、减缓挫败感。

一、记录一切

恢复过程可能会很缓慢。日子会模糊在一起,几个月后便很难再获得具体的记忆,所以要把它们都记录下来。在适当的情况下使用事故指挥表格,但应用笔记本或电子表格记录基本数据或事实时你不要犹豫。当联邦机构需要你的时间和费用证明文件时,你的行政/财务科科长会非常感谢你的。

二、尽早建立机制

在恢复阶段的初始阶段,大部分时间可能会被用于检验和损害评估。你在第一次执行这样的任务之前,可以和做评估的同事们一起坐下来,建立一些基本的规则,为轻度、中度和重度损害设定严格的标准。你在第 60 天访问家庭或设施时所依据的测量标准应与第 1 天访问的相同。

三、与受害者沟通

在重大紧急情况或灾难发生后,人们最常听到的抱怨之一是当局未能与公众沟通。你可以向受重大事故影响的人们提供一些有用的信息,可以提供联络点,如外地办事处或免费电话号码,以及为受害者提供下一步行动的概要,这类举措往往是最受欢迎的。

四、不过度承诺

恢复是需要时间的,并且可能比你最初预期的时间更久。居民和企业主可能会向应急管理人员施压,要求他们承诺下周或下个月一切都会"恢复正常"。你一定要诚实,列出恢复过程中面临的复杂挑战,并请受害者们在其可以控制的领域内协助将一切恢复正轨。

第五节　小　结

恢复阶段可能很难被清晰地加以描述,而且其往往是灾难中成本最高、时间最长的阶段。规划、因果关系和恢复力都将是事故发生后的重要因素。以往的一些行动报告为恢复阶段提供了指导和最佳做法。

美国联邦应急管理局和支援联邦机构在恢复过程中都发挥着各自的作用。1993 年的美国中西部地区大洪水为相对成功的恢复过程提供了有价值的案例研究,并为未来的大规模事件提供了若干潜在教训。

延伸阅读：

［1］100 Resilient Cities. (2016). Accessed on January 2017.

［2］Department of Homeland Security（2008）. National infrastructure protection plan. Washington，D. C. : U. S. Federal Government.

［3］Roberts，P.（2006）. FEMA after Katrina. Policy Review.

［4］White House （2006）. Federal response to Hurricane Katrina: Lessons learned. Washington，D. C. : U. S. Federal Government.

第十四章

城市应急管理的未来

14

第一节　引　言

众所周知,预测未来可能是一个风险命题。使得预测更加冒险的是,应急管理既是一个年轻的职业,也是一个年轻的研究领域。在不到半个世纪的时间里,与社会学、消防科学或物流等已确立的专业领域相比,应急管理仍处于形成阶段。

但它与这些看似截然不同的领域的共同点在于,它既是一种学术追求,也是一种操作追求。在学术方面,有关风险降低科学的基本依据和基础以及紧急情况和危机有效管理方面的研究和分析仍在继续。在业务操作方面,从业人员继续搜集宝贵的现场经验和最佳做法,以传给下一代。

内部和外部力量都将在不久的将来影响该行业。简而言之,成为一名应急管理人员,这是一个非常激动人心和有意义的时刻。这也是回顾历史和展望未来的最佳时机。

第二节 分 析

一、历史回溯

作为一项职能,应急管理确实存在了很长时间。自从有组织的社会面临危机,个体就已经站出来保护他们的同胞不受伤害。直到我们的定居点变得更加复杂和人口更加密集,才出现了更具体的职业——城市应急管理人员。

作为一种正式的分工,应急管理是断断续续发展起来的。回顾我们做过的事情,通常可以为我们的未来提供重要的见解。在美国,这意味着评估 20 世纪50—60 年代的民防工作,以及 20 世纪 70 年代末联邦应急管理局的成立。

联邦应急管理局有责任和权力应对一系列危害,从恶劣天气到森林火灾再到核辐射。重要的是,该机构负责人直接向联邦政府行政部门报告,重点放在预测、准备和减缓未来的紧急情况。在 20 世纪 80 年代,联邦应急管理局的主要任务是履行冷战时期的职能,如保障政府的连续性。联邦应急管理局迁入一个统一的总部,并在马里兰州的埃米茨堡建立了跨部门培训基地,后来发展成备受推崇的应急管理学院(EMI)。

1988 年出台的重要的《斯塔福德法案》基本上取代了以前的民防法规和操作指南。该法案可对重大紧急情况和灾难申报进行授权,设立了广泛的资格标准,并规定了联邦政府提供的具体援助类型(Sylves,2008:60)。20 世纪 90 年代,联邦应急管理局局长詹姆斯·李·威特(James Lee Witt)前所未有地强调减缓措施是国家准备工作的关键部分。威特(Witt)是担任该职务的第一位真正的应急管理专业人士,他所做的改变包括在机构内形成三个基于应急管理阶段的"主要部门":减缓、准备和响应/恢复。

美国国土安全部是在乔治·沃克·布什（George W. Bush）总统任期内，根据 2002 年的《国土安全法案》正式成立的，宾夕法尼亚州州长汤姆·里奇（Tom Ridge）被任命为首任部长。该机构的总体组织形式于当年 11 月通过，到 2003 年 3 月 1 日，22 个现有联邦机构的 175 000 多名雇员正式并入国土安全部。

应急响应专家克雷格·富盖特（Craig Fugate）在其担任联邦应急管理局局长期间取得了极大的成功。富盖特（Fugate）在应急管理从业者中备受尊敬，而且该机构的规划和响应工作也受到了广泛好评。事故指挥系统的国家事故管理系统模型在继续扩展和演变，该系统已被广泛应用于私营部门和非营利部门，它预示着指导美国模式向前发展的总体框架。

二、目前的联合国、欧洲和亚洲模式

联合国开展了各种各样的开发工作，这些工作可被视为与应急管理的准备或减缓阶段一致，例如改善关键的运输网络或提供淡水供应以减少水传播疾病的风险。应急司（ERD）、灾难减缓和恢复计划署（DRRP）以及危机预防与恢复局（BCPR）在联合国大型开发计划署（UNDP）的业务范围内创建。为迅速对灾害做出实地响应而设立的专门小组占联合国大型开发计划署预算总额的 5%（Haddow，Bullock & Coppola，2008：257）。

联合国于 2015 年通过了重要的仙台框架，该框架可能令整个灾害科学领域产生重大而持久的变化。该框架以 2015 年 3 月在日本仙台举行的第三届世界减灾大会的地点命名，设定了 15 年的目标。与会发言者非常重视利用科学技术来减少全球未来发生的灾难性事件的影响（Dickinson，Aitsi-Selmi，Basabe，Wannous & Murray，2016：108—109）。会议成果之一是一份《2030 年指南》，重点关注需要解决的四个挑战：

- 如何利用网络和平台推进研究，将科学、政策和实践结合起来；
- 如何理解和评估灾难风险，以及如何设计预警系统；

- 需要什么数据、标准和实践来测量和报告风险；

- 确定存在哪些研究和能力差距，以及必须克服哪些困难。

欧盟于 2001 年启动了民事保护机制，这是一项跨国界提供帮助和援助的合作协议。随后又成立了应急协调中心（ERCC），这是一个具有广泛监测和通信能力的应急行动中心。欧盟的工作重点是应对自然灾害和跨国灾害。该组织在协调应对 2013 年和 2014 年欧洲洪灾以及 2014 年非洲埃博拉疫情方面发挥了关键作用。尽管这一年轻机制对成员国和其他需要援助的国家有利，但与美国更为统一的联邦努力相比，欧洲仍略逊一筹。

近几十年来，东南亚国家联盟（ASEAN）也实施了一系列互助协议，其中包括 1967 年和 1976 年达成的主要协议。最近的《万象行动纲领》为 2004 年至 2010 年的合作和互动确定了越来越多的目标。协议明确提出维护国家主权，并强调通过加强区域和国际合作共同应对灾害。

值得注意的是，2004 年年底发生在印度洋的地震及其引发的海啸至今仍是现代最大、最具灾难性的事件。而在救援规模和参与国家的数量上都是前所未有的。

三、当前的技术水平

总的来说，当前应急管理的知识和业务状态可以被准确地描述为非常活跃。国际社会面临的威胁和危害丝毫没有减少，自然灾害、人为灾害和混合灾害的根源也没有减少的迹象。应急管理和不断发展的事故指挥系统方法论将再次在今天和未来应对这些挑战时发挥关键作用。

本书反复引用学术界现有的 300 个应急管理学位项目，预计这一数字将继续增长。某一特定领域的业务和学术分支之间的合并和互动无疑是该领域健康、有活力地向前发展的最佳预测指标之一。

在日益复杂的世界中，专业应急管理人员将拥有三个关键资产：人才、技术、研究和教育。

四、前进的道路

（一）人才

城市应急管理人员的角色正在迅速演变。如前所述，这一职业要求最优秀的人员参与，他既须是通才，又须是领域专家。全灾种管理的有力依据是基础，该领域内某些特定兴趣方面的专业知识则加强了深度。

这一行业确实发生了时代性的变化。世纪之交，随着应急管理和国土安全时代的来临，美国绝大多数一线从业人员是从执法或消防等相关领域调岗或退休而来的。第一代专业人士正接近退休年龄，实际上，他们正在将接力棒传给下一代。

新一代应急管理人员将为未来二三十年定下基调。随着年轻、有事业心和有技术头脑的专业人士掌舵，该领域又将迎来一次快速发展的绝佳机会。美国联邦、州和地方用于应急管理人员配置的资金在"9·11"恐怖袭击后不久达到最高点，此后一直在缓慢下降，从而达到平衡。这种很麻烦的趋势将持续到下一次大灾难发生，也会再次引起政客和公众变化无常的关注。

要想实现真正意义上的成功转型，更为精干的新一代必须吸取前辈的惨痛教训，并为这一角色带来多样化和新鲜的视角。未来的挑战不会比过去少。事实上，在很多方面情况会更糟。拥有专业技术、受过专业教育和通过资质认证的人才都将在这场真正的变革中发挥巨大作用。

（二）技术

也许没有一个因素会比技术因素对应急管理的未来产生的影响更大。这一大类因素包括应急管理人员用于履行职责的设备、设施和系统。

年轻人，包括许多应急管理专业的学生，认为技术是一种有益而亲切的力量。他们成长于数字时代，从小就被互联网、智能手机和触摸屏包围。多项研究表明,这个年龄段的人对科技持非常积极的态度。

年长一些的人,包括大多数经验丰富而且可能是从其他公共安全岗位转行过来的应急管理人员,他们的看法就不那么乐观了。他们认为在许多情况下,技术是一种破坏性的力量,它不一定具有积极的意义——由于新的系统和软件开始流行,他们不得不学习和重新学习相同的功能。多项研究表明,这个年龄段的人对技术持不太积极的看法。

作为一个处于职业生涯中期的专业人士,笔者(多少可以预见)介于两者之间。自数字时代到来以来,技术确实既是一种好处,也是一种负担。没有迹象表明在未来技术将纯粹是一个梦想或一场噩梦。相反,它可能会在未来对应急管理人员既有好处又有威胁。

未来几年,有两类技术可能对应急管理产生特别重大的影响,它们是数字通信和所谓的"云"存储。

由于数字革命,通信正迅速变得既简单又复杂。智能手机、Wi-Fi网络和可靠的数字收音机已经并将继续对响应和恢复阶段产生巨大的积极影响。对市政和组织来说,使用大众信息传递和警报服务变得更加便捷,成本史低。

同样,"云"存储也彻底改变了数据的保存和检索方式。云计算不需要将信息储存在本地驱动器上,而是允许在大型"服务器"上高效储存大量数据,以便通过互联网轻松检索。对应急管理人员来说,这意味着通过快速下载可以比过去更容易地获取应急计划、楼层平面图、视频片段和联系人列表。

其他技术,如无人驾驶汽车(或无人驾驶飞机)和高速数据分析(大数据)也将对现有能力产生巨大的影响。但所有这些便利性和灵活性都需要付出一定的代价,本章稍后将对此进行评估。

(三)研究和教育

未来应急管理人员可掌握的第三项重要资产是研究和教育。作为一个新兴的研究领域,应急管理正处于迅猛发展的阶段。截至2016年,联邦应急管理局在近100所不同的学院和大学认证了310个独立学位项目。这还仅是美国境内的统计数字。

因此,应急管理正成为一个切实可行且活跃的研究领域,吸引了顶级学者,并催生了多个专业的同行评议期刊,包括《应急管理期刊》《国际应急管理期刊》和《国土安全与应急管理期刊》。就像在其他无数领域一样,这种充满活力的学术研究不可避免地从学术界转移到业务领域。

国际应急管理协会等专业组织也提供了宝贵的机会,供人们学习和交流,并获得该领域的专业认证。综上所述,这些发展代表了该领域内活跃和蓬勃发展的学术组成。高水平的应急管理人员将充分利用这一学术和业务知识的热潮,并推动两者之间的关键交叉互动。

第三节　未来发展趋势

尽管本章开头提出了相反的警告,但如果不对城市应急管理行业的未来做出一些预测,任何关于城市应急管理的整体文案都将是不完整的。其中有几个关键组成部分是明确的。

一、技术变革

作为行业发展的三大支柱之一,技术是变革的关键驱动力。前面提到的数字通信和"云"计算在未来几年将发生巨大变化,但它们并非唯一的。在应急管理可预见的未来,技术将是一把双刃剑。

网络威胁的隐患将继续加速和演变。所谓的物联网(IoT)使越来越多的设备(无论是便携式的还是静态的)连接到网络上,同时成倍地放大了这些设备乃至整个网络被恶意行为者攻击的风险,比如 2016 年年底发生的两起大规模分布式拒绝服务(DDoS)攻击。目前针对此类设备的数字安全协议非常糟糕,因此这种状况的重要性再怎么强调都不为过。

除了通过互联网连接的技术驱动对象的范围和数量不断扩大外,我们还预计恶意用户的数量可能会不断增加。各种极权主义政权参与了有组织的政治骚扰和错误信息计划,并利用国家资源来解决大规模知识产权剽窃。考虑到最小的风险也能产生重大的影响,应急管理人员应预见到,随着技术和专门知识的继续传播,与有组织犯罪和恐怖主义有联系的个人或小群体在不久的将来也会采取类似的破坏性行动。应急管理人员必须倡导关键系统在弹性和信息安全方面具备最新和最强大的能力。

"云"存储在解决数据安全问题方面也做得不够。应急管理人员应该认识到,他们放在网上或"云"存储中的任何东西总有一天会被公众看到。重要的文件和计划必须在多个位置备份,以避免意外或被故意删除。毫无疑问,应急管理数据(尤其是与国土安全部门重叠的数据)将成为包括外国政府和情报服务机构在内的恶意行为者的攻击目标。

移动电话或便携式电话的出现也是相对较新的发展,可极大地帮助受害者和响应人员进行沟通。蜂窝位置查找功能将继续改善和扩展。下一代公共安全应答点(PSAPs)将配备先进的定位技术,使调度员和响应者可以更快、更有效地定位受害者。公共安全应答点设施还将通过文本和数码照片接收更多信息。现场的应急管理人员必须意识到,智能手机也意味着他们可能随时出现在人们面前。要注意的是,在灾难现场播放的一段笑声或响应者之间一个小分歧的视频可能会被断章取义,并在几分钟内传播开来。

未来几年,无人驾驶汽车或无人驾驶飞机也将对应急管理产生巨大影响,既有正面影响,也有负面影响。从积极的方面来看,空中无人驾驶飞机将在失踪人员搜查、野火侦察和建筑物检查等操作中得到更普遍的使用。地面无人机将在搜救、消防和反恐行动中发挥更大作用。这些用途将减少为实现任务目标而被置于危险境地的人员的数量,从而既有利于人力需求,又有利于人员安全。消极的一面是,已经有多起载人消防飞机被未受教育或不称职的民用无人驾驶飞机操作员置于危险境地的案例。随着这些设备变得越来越普遍,这种情况在灾难现场(包括在城市环境中)也将变得越来越普遍。

虚拟现实(VR)和增强现实(AR)是另一类获得广泛使用的极有吸引力的技术。经过多年的承诺,虚拟现实系统终于上线了,其应用既实惠又实用。特别是训练将会因为更精确地模拟真实世界的情况而发生革命性的变化。在不久的将来,我们将见证新的、经验丰富的消防员在虚拟消防车中接受训练,警察在到达街道之前被置于多个模拟的危及生命的场景中。应急管理人员也将从中受益,因为事故管理培训随时准备在数字领域取得飞跃。

增强现实技术同样前途光明,因为它已被响应人员和规划人员投入现场使用。想象一下,一名消防员的头盔里有一个详细的数字平视显示器,可以实时提供诸如周围空气温度和剩余氧气量之类的信息。或者设想一名应急管理人员站在前方指挥所,周围环绕着一个受影响设施的最新平面图的三维模型。

归根结底,正如历史上一直存在的那样,新兴技术既不是纯粹的积极力量,也不是纯粹的消极力量。相反,它们将有助于增强应急管理人员的能力,同时助推新的、不断发展的风险。

二、政治和社会问题

应急管理的行政领导也必须是合格和称职的专业人士,而不是纯粹的政治任命。

"布朗尼,你的工作做得很好",这种情况不能重复出现。2017 年夏天,具有国家和私营部门领导经验的应急管理专业人员布罗克·朗(Brock Long)被任命为美国联邦应急管理局局长,这表明应急管理的发展前景广阔。

美国总统的角色在很多方面都是"紧急事件的首席管理者",这个头衔也适用于各州州长和大城市市长。然而,即便是技术高超的一线应急管理人员也发现很难在这种政治化的融资环境中开展工作。正如西尔维斯(Sylves)敏锐地指出的那样,"灾难政治的部分表现形式是选举产生的行政人员的党派行为,既有竞争又相互包容"(Sylves,2008:215)。

从完全不涉及政治的角度来看,有些政府和行政管理机构之所以当选,部分原因是它们承诺削减国际合作,并大幅度减少或撤销公共部门的支出。这两项行动都对协调的区域应急管理行动产生直接和不良影响。在短期内,这将使诸如"100个有弹性城市"计划之类的努力变得更加重要,因为缺乏国家和联邦合作将使同行和专业互动变得更加重要。出于需要,许多职能可能会转移到非营利机构或志愿者组织。

与之形成鲜明对比的是公众的期望问题。在北美和西欧,市民对政府机构能够预防或迅速纠正任何可能出现的紧急情况的期望非常高——有些人可能会说这是不现实的。任何恐怖主义或极端主义的暴力行为都被视为预防失败。房屋和企业建在海滨地段,随时可能被风暴潮摧毁,或者建在陡峭的、树木繁茂的山坡上,而山火正好经过这些地方。当不可避免的情况发生时,应急管理人员将带着大量的资源、大量的资金,毫不拖延地赶往救援现场。

例如,当美国联邦应急管理局表示在灾难发生后的72小时内公民需要做好自给自足的准备时,它受到了公众、政治家和媒体的强烈抵制。事情的另一面是,公众的注意力的持续时间可能相当有限。如果最近没有在临近地区经历过灾难,居民(以及纳税人或股东)可能会对支持和资助应急管理项目持怀疑态度。因此,有效的应急管理人员还必须努力为其选民设定切合实际的期望值。在应急管理领域,稳定一直是一种奢求,也许现在比以往任何时候都更是如此。最终,少承诺、多做总是更好的。

三、系统性变化

预计应急管理中的若干重要结构性趋势可能会继续下去,也可能会加速。展望未来,这些因素有可能提升到该领域真正发生系统性变化的水平。

未来几年,政府机构和大型组织很可能继续采用承包制。出于财政和债务两方面的原因,合同专家对许多业务都有意义,其中包括但不限于物流、接线员、通信、回收物流和危险材料处理。只要联邦政府和大型企业实体继续为此类项目管理提供资金,咨询顾问将继续存在于应急管理和国土安全领域。

军队预备役或国民警卫队也将继续发挥作用并可能扩大规模。在美国,为这些单位提供的培训层次和类型也可能变化和扩展,因为它们将在美国国内部署,以应对大规模的恶劣天气事件或恐怖主义行为。2001 年后,新的北方司令部的出现表明,随着州和地方领导人向联邦政府寻求额外援助,美国现役军事单位也可能更多地参与救灾工作。在美国,这甚至可能意味着对目前的联邦政府立法进行一些调整或谨慎重写。

在可预见的未来,恐怖分子将继续袭击软目标,暴力活动也将持续不断。欧洲各地正在就安全和行动自由之间的平衡展开积极的社会政治辩论(Birnbaum,2016)。实际上,欧洲的主要威胁仍将来自伊斯兰极端分子,原因有很多,详见第八章"城市地区的应急管理与国土安全"。

总的来说,恐怖主义和极端主义仍将是应急管理人员和公共安全面临的真实和持续的风险。美国近期的威胁将来自伊斯兰极端分子和极右翼反政府极端分子,他们都能轻易地从互联网上获得炸药配方和高威力武器。不幸的是,美国本土的暴力极端主义可能会继续存在。

应急管理和国土安全职能的融合和模糊还将继续。如前所述,危害类型的重叠意味着许多响应看起来是相似的,例如化学品泄漏与化学攻击。特别是由于公共部门被迫以更少的人员从事更多的工作,这些资源的整合是不可避免的。从积极的方面来说,这将提供交叉培训的机会,并为有准备和有能力的急救部门增加实实在在的价值。

在相关的前沿,跨部门的合作在不久的将来将变得越来越重要。没有任何一个政府、企业或非营利机构有足够的资源来计划,应对和恢复每一种类型的潜在灾难。因此,成功的行动将促成并加强跨部门、跨管辖区甚至是竞争对手之间的合作协议。2004 年,当美国五大湖地区的一家地区银行在翻修施工期间遭遇重大火灾时,不止一家竞争对手通过预先安排的业务连续性协议为其提供临时办公场所。造价不菲或昂贵的物品,特别是高度专门化的单位或设备,将在城市地区的各个部门实现共享。

从应急管理人员的现场反应来看,是否有跨管辖区和部门的最佳做法也将是一个有趣的问题(更多详细信息参见第十二章"响应阶段")。目前,专业领域对应急管理人员的预先部署方案和事故类型仍存在分歧。这在很大程度上取决于如何确定这些宝贵专业人士的最有效职能,因此就这一要点的辩论可能会持续数年甚至数十年。

流行病将成为一种越来越严重、越来越难以预测的威胁。这不仅由于全球气候模式发生了变化(稍后讨论),而且由于传染病抵抗当前抗生素治疗方案的能力发生了显著变化。迅速出现的耐药性"超级细菌"的发展速度远远超过了药物研发的步伐。由于西方国家政府将大部分注意力和资金集中在应对恐怖主义和其他人为威胁上,现有对策滞后,导致病毒或细菌在人群中迅速和灾难性传播的风险增加。值得回顾的是,1918年大流感暴发造成的死亡人数远远超过此前的世界大战的死亡人数。

总的来说,这些结构性趋势将在今后几年内改变城市应急管理的模式。

四、真正的游戏改变者

地球上每个城市的应急管理人员面临的最大转变是气候变化。近期内,地球大部分地区将会变暖,一些地区将会变冷。一些地区的降水量会增加,而很多地区的降水量会急剧下降。非常明显的是,极少数城市地区的长期天气模式保持稳定或不变。

科学模型略有不同,但应急管理人员必须为应对2100年世界海洋平均海平面上升0.5~1.25米(1.5~4英尺)做好准备。这在很大程度上取决于大气中新增的碳量以及极地冰盖融化和消退的速度。这一增长对那些紧靠海洋修建的大城市非常不利。从迈阿密到那不勒斯,从加拉加斯到香港,公共安全官员必须在潜在的灾难性影响真正生效之前制订减缓计划。

额外的防洪堤、水坝、水泵和其他工程项目确实会削弱不断上涨的水的全部力量。但这并不能彻底解决问题，一些人口将不得不迁往内陆。如果这不能以一种有组织、有计划的方式完成，灾难将无可避免，并可能导致大范围的混乱、内乱和商品短缺。在收入相对较低、地势较低的国家（如孟加拉国），政府能预料到的只有彻底的社会混乱。

干旱和山火也将变得更加频繁、规模更大、范围更广。澳大利亚和北美都已经呈现出这种形势。有效的水和土地管理政策将作为绝对关键因素最高限度地减少重大降水变化带来的影响。

最后，随着地球变暖，致病微生物也会适应和变异，放大总体风险。埃博拉等真正可怕的传染病的暴发成为一个非常现实的威胁。由蚊子传播的疾病，如寨卡病毒和奇昆古尼亚病毒，将继续扩大其传播范围并影响更多的人口。如果洪水、干旱或武装冲突造成不受控制的大规模人口迁徙，流行病发生的可能性就会增加。

如果未来听起来特别令人沮丧，那就想想人类曾经经历过内乱、世界大战和流行病。合格、有能力的应急管理人员将主要负责确保我们再次战胜这些灾难。

第四节　结论和总结

未来从来不是确定的，但多种模式和趋势确实让我们对未来几年有所洞悉。技术、人才、学术和教育都将是该领域未来变革的关键因素。公司、非营利机构和政府都将对未来的事件产生重大影响。

政治家和社会趋势将继续直接和间接影响应急管理。承包商和军事单位也将有越来越多的存在感。气候变化是一股巨大的变革浪潮，它不仅会影响应急管理，还会影响世界各城市的基本治理。

总而言之,对学生、学者和从业者来说,应急管理仍然是一个充满活力和令人振奋的行业。我们可以通过研究过去发生的灾难,运用最好和最新颖的方法来应对那些肯定会在我们有生之年发生的灾难,从而为人类提供最理想的服务。关于未来,至少有一件事是确定的:紧急情况和危机将继续发生,人们将寻找能够缓解混乱状况的那类领导人。

延伸阅读:

［1］Birkland, T. A. (2006). Lessons of disaster: Policy change after catastrophic events. Washington, D. C. : Georgetown University Press.

［2］Hogue, H., & Bea, K. (2006). Federal emergency management and homeland security organization: historical developments and legislative options. Washington, D. C. : Congressional Research Service.

［3］Roberts, P. (2006). FEMA after Katrina. Journal of Policy Review, 137, 15-33.

［4］U. S. Department of Homeland Security (2011). National preparedness system. Washington, D. C. : Federal Emergency Management Agency.

参考文献

[1] ASIS International (2003). Emergency planning handbook. Arlington, VA: ASIS.

[2] Bevelacqua, A., & Stilp, R. (2009). Terrorism handbook for operational responders. Clifton Park, NY: Delmar.

[3] Australian Emergency Management Institute. (2011). Accessed on June 2016.

[4] Bevelacqua, A., & Stilp, R. (2009). Terrorism handbook for operational responders. Clifton Park, NY: Delmar.

[5] Birkland, T. A. (2006). Lessons of disaster: Policy change after catastrophic events. Washington, D. C.: Georgetown University Press.

[6] Birnbaum, M. (2016). Europe may face grim future with terrorism as a fact of life.

[7] Brill, S. (2016). Are we any safer? The Atlantic, 318(2).

[8] Broder, J. (2000). Risk analysis and the security survey. Burlington, MA: Butterworth-Heinemann.

[9] Center for Domestic Preparedness (2007). WMD student manual. Washington, D. C.: U. S. Federal Government.

[10] Code of Federal Regulations. (1969). Washington, D. C.: U. S. Federal Government.

[11] Department of Homeland Security (2002). National strategy for homeland security. Washington, D. C.: U. S. Federal Government.

[12] Department of Homeland Security (2013). National prevention framework.

Washington, D. C. : U. S. Federal Government.

[13] Dickinson, C., Aitsi-Selmi, A., Basabe, P. z Wannous, C., & Murray, V. (2016). Global community of disaster risk reduction scientists and decision makers endorse a science and technology partnership to support the implementation of the Sendai Framework for disaster risk reduction 2015—2030. International Journal of Disaster Risk Science, 7, 108-109.

[14] Drabek, T. (2007). Emergency management and homeland security curricula: Contexts, cultures, and constraints. Paper presented to Western Social Science Association. Alberta, Canada.

[15] Erickson, P. A. (2006). Emergency response planning for corporate and municipal managers. Burlington, MA: Butterworth-Heinemann.

[16] Federal Emergency Management Agency (2007). Site and urban design for security. Washington, D. C. : U. S. Federal Government.

[17] Federal Emergency Management Agency. (2011). A whole community approach to emergency management: Principles, themes, and pathways for action. Washington, D. C. : U. S. Federal Government.

[18] Fischer, R., & Green, G. (1998). Introduction to security. Burlington, MA: Butterworth-Heinemann.

[19] Ghosh, B. (2010). From Pakistan to the world. Time, 175(19).

[20] Haddow, G., Bullock, I., & Coppola, D. (2008). Introduction to emergency management (Third edition). Burlington, MA: Elsevier.

[21] Hillyard, M. (2000). Public crisis management. Lincoln, NE: Writers Club Press.

[22] Hogue, H., & Bea, K. (2006). Federal emergency management and homeland security organization: Historical developments and legislative options. Washington, D. C. : Congressional Research Service.

［23］Hoffman，B.（2006）. Inside terrorism. New York：Columbia University Press.

［24］Jenkins，B. M.，& Godges，J. P.（2011）. The long shadow of 09/11. Santa Monica，CA：Rand Corporation.

［25］Hussain，R.，& Korecki，N.（2011）. Terror case witness describes Pakistani intelligence-militant links. Chicago Sun-Times.

［26］Kortepeter，M. G.，& Parker，G. W.（1999）. Potential biological weapons threats. Emerging Infectious Diseases，5（4），523-527.

［27］McIntire，M. E.（2015）. How the most at-risk cities are preparing for more power outages. Emergency Management.

［28］Mitroff，I.（2001）. Managing crises before they happen. New York，NY：AMACOM.

［29］Miles，T.（2015）. UN：Weather-related disasters occur almost daily. Reuters.

［30］Mooney，C.（2016）. New Obama report warns of changing environment for the electricity grid. Washington Post.

［31］Pearson，C.，Misra，S.，Clair，J.，& Mitroff，I.（1997）. Managing the unthinkable. Organizational Dynamics，26，51-64.

［32］Purpura，P.（2007）. Terrorism and homeland security. Burlington. MA：Butterworth-Heinemann.

［33］Ramsay，C.（2016）. Fort McMurray wildfire：Federal government commits ＄300M in disaster recovery funds to Alberta. Global News，June 17，2016.

［34］Reed，D.，（Director）.（2009）. Terror in Mumbai. ［Documentary］. United States：Home Box Office.

［35］Roberts，P. S.（2009）. A capacity for mitigation as the next frontier in homeland security. Political Science Quarterly, 124(1), 127-142.

[36] Roberts, P. (2006). FEMA after Katrina. Journal of Policy Review, June/July, 15-33.

[37] Somerson, I. S. (2009). The art and science of security risk assessment. Arlington, VA: ASIS.

[38] Santella, N., Steinberg, L. J., & Parks, K. (2009). Decision making for extreme events: Modeling critical infrastructure interdependencies to aid mitigation and response planning. Review of Policy Research, 26 (4), 409-422.

[39] Sylves, R. (2008). Disaster policy & politics: Emergency management and homeland security. Washington, D. C.: CO Press.

[40] Thomas, P. (2002). FBI Testimony before House Committee on Government Reform.

[41] Thompson, A. (2016). Extreme tornado outbreaks are becoming more extreme. Climate Central, reprinted in Scientific American. December 1, 2016.

[42] United Nations. (2016). How do people die in disasters and what can be done?

[43] Webster's Dictionary. Prevention.

[44] Woodbury, G. (2005). Measuring protection. Homeland Security Affairs.

[45] Zetter, K. (2016). Inside the cunning, unprecedented hack of Ukraine's power grid. Wired.